AF599514

Mémoire de mes souvenirs

Camille Franck

Mémoire de mes souvenirs

© Lys Bleu Éditions – Camille Franck

ISBN : 979-10-422-1287-2

Le code de la propriété intellectuelle n'autorisant aux termes des paragraphes 2 et 3 de l'article L.122-5, d'une part, que les copies ou reproductions strictement réservées à l'usage privé du copiste et non destinées à une utilisation collective et, d'autre part, sous réserve du nom de l'auteur et de la source, que les analyses et les courtes citations justifiées par le caractère critique, polémique, pédagogique, scientifique ou d'information, toute représentation ou reproduction intégrale ou partielle, faite sans le consentement de l'auteur ou de ses ayants droit ou ayants cause, est illicite (article L.122-4). Cette représentation ou reproduction, par quelque procédé que ce soit, constituerait donc une contrefaçon sanctionnée par les articles L.335-2 et suivants du Code de la propriété intellectuelle.

Il est toujours difficile de reconstituer une ligne de sa mémoire lorsque l'on est au soir de sa vie et surtout lorsque l'on ne suit pas un plan qui, sans être en deux parties et deux sous-parties pour rappeler les principes inculqués (tout au moins à mon époque) dans les instituts d'études politiques, respecte tout au moins la chronologie.

Mais celle-ci s'appuie en général sur des éléments précis, des dates, des faits non discutables pouvant être corroborés par des témoins, des proches ou amis qui pourront le cas échéant aider à rectifier certains souvenirs que l'on considérait comme indiscutables...

Les premières images qui remontent dans mon esprit sont malheureusement celles de la Seconde Guerre mondiale. Mes parents habitaient à Alger dans une cité située rue Duc des Cars (général commandant la 3e division lors de la conquête en juin 1830...) et notre immeuble qui était transversal avait une sortie dont le numéro était le 36, et par sa construction en faisait un abri contre d'éventuels bombardements... Bravo pour les architectes et constructeurs de cet ensemble...

En novembre 1942 (j'étais donc âgé de 2 ans), les forces anglo-américaines ont réalisé l'opération « Torch » (c'est-à-dire le « Flambeau ») qui avait fait l'objet de discussions pour choisir l'Afrique du Nord plutôt que le continent européen, car le raid effectué sur Dieppe n'avait pas été concluant et l'on doit à cet égard rendre hommage à Winston Churchill qui a considéré que les forces allemandes étaient dans une situation de supériorité militaire et opérationnelle pour s'opposer à cette date à un éventuel débarquement sur les côtes de France...

Selon ce que j'ai pu apprendre ultérieurement par des amis qui ont conservé des liens forts avec les Américains, une telle opération qui mettait en ligne conjointement pour la première fois les forces militaires des deux pays faisant suite à la bataille victorieuse d'El Alamein pourrait permettre d'ouvrir un second front pour permettre à l'Union soviétique de pouvoir bloquer l'avancée allemande qui était aux portes de Stalingrad et derrière cette ville devenue célèbre, mais qui néanmoins changea de nom en 1961 pour s'appeler Volgograd, il y avait le Caucase et le pétrole… On peut ainsi constater que ce produit a beaucoup influencé l'Histoire…

Il y eut une rencontre clandestine à Cherchell sur la côte ouest à 85 km d'Alger et le général Clark adjoint du général Dwight Eisenhower se déplaça à bord d'un sous-marin pour y participer…

L'opération qui y fut décidée (on a évoqué les « Accords de Cherchell ») était d'envergure puisque répartie sur trois secteurs géographiques de l'Afrique du Nord :

— Les forces ouest avaient le Maroc comme objectif,

— Les forces du centre Oran,

— Et les forces est Alger.

84 000 GI's et 23 000 soldats de Sa Gracieuse Majesté participaient aux opérations, appuyés par une flotte maritime conséquente comportant pas moins de 10 porte-avions, 6 cuirassés et des croiseurs…

Ce qui plaisait beaucoup à Churchill dans cette opération c'était le changement de la grande stratégie anglo-américaine au profit du plan britannique consistant pour reprendre les écritures de Carlo D'Este remarquable historien de ses mémoires « à resserrer le nœud coulant autour de l'Axe »… en passant par la Méditerranée.

Pour permettre à l'opération Torch de réussir, c'est-à-dire de faire basculer l'Afrique du Nord française et son armée aux côtés des Alliés contre les troupes germano-italiennes, un putsch (il est bien appelé ainsi par les historiens) réalisé par 400 résistants, des métropolitains, des pieds-noirs et surtout des juifs français d'Algérie qui entendaient lutter contre les mesures anti-juives permit grâce à l'occupation de points stratégiques de la ville d'Alger et à la mise en « garde à vue symbolique » du général Juin et de l'Amiral Darlan qui était de passage par un groupe de jeunes élèves des classes terminales commandés par l'adjudant de réserve Pauphilet de neutraliser les postes de commandement qui auraient pu vouloir s'opposer aux débarquements.

Il y eut bien sûr et malheureusement des combats, mais au bout de huit jours compte tenu de ce qui précède l'Armée d'Afrique se retourna vers les Alliés pour annoncer qu'elle allait combattre désormais avec eux. Un seul des navires fut perdu à la suite d'une attaque effectuée par un avion spécialisé de la Luftwaffe.

On peut comprendre que pendant ces 8 jours, les Algérois ont entendu des alertes retentir à plusieurs reprises et des combats aériens spectaculaires, mais susceptibles d'entraîner des dommages pour la population, se dérouler ainsi que des attaques et bombardements visant des navires de guerre français qui étaient hostiles à ladite opération ont été effectués dans le port d'Alger…

Plutôt que de se rendre dans les abris publics, ma mère et des voisins se plaçaient dans le coin séjour qui jouxtait la structure porteuse de l'immeuble, ce qui constituait une protection efficace. Si l'on vérifie dans les statistiques de cette époque, peu de civils en dehors de ceux se trouvant sur les quais furent victimes de cette opération…

Seconde image liée à celle qui précède : après l'arrivée des forces alliées à Alger, celle des « tommies » reçus dans les familles « pieds noirs », car si la population française n'aimait pas trop le général de Gaulle, elle détestait les Allemands ainsi que leurs alliés italiens, d'où cette antipathie à l'encontre des originaires de la grande botte que j'ai ressentie tout au long de ma jeunesse et que j'ai eu du mal à analyser, moi qui aimais beaucoup le latin et qui partais très fier le jour de la composition de version latine avec mon « Gaffiot » (dictionnaire latin-français) sous le bras…

Dans notre quartier (rues Duc des Cars et d'Estonie), il y avait deux écoles d'enseignement secondaire, l'une Duc-des-Cars pour les garçons et l'autre d'Estonie pour les filles. Comme il fallait héberger plusieurs milliers de soldats que les casernes algéroises ne pouvaient accueillir, ce furent des écoles qui devaient les recevoir, mais en finale c'est l'école des garçons qui devint une caserne annexe des troupes de Sa Gracieuse Majesté George VI pour reprendre le texte d'Edmond Brua, auteur de la « Parodie du Cid » et qui demeurait dans un immeuble de la rue d'Estonie…

Winston Churchill a apprécié notre ville puisque le 28 mai 1943, il revint à Alger où il fut accueilli à l'aéroport de Maison-Blanche par le général Eisenhower qui fut décoré le lendemain dans l'enceinte du Palais d'été par le général Giraud des insignes de grand-croix de la Légion d'honneur. Le Premier ministre anglais qui a entretenu de forts liens d'amitié avec lui venait pour finaliser la préparation de l'opération « Husky » qui concernait un débarquement en Sicile et la prise de têtes de pont permettant le contrôle de l'Île. Dans ses mémoires de seigneur de guerre, il est dit « Il (Winston bien sûr) apprécia tellement Alger qu'il y resta huit jours… ». C'était dans la villa de l'amiral anglais Cunningham située dans les hauteurs de la ville… « Il déclarera d'ailleurs plus tard ne pas avoir de souvenirs plus agréables de la guerre ». Impressionnant n'est-ce pas ?

Que devinrent les garçons élèves de l'école pendant ce temps ? Ils partagèrent leur temps d'études entre l'école de la rue Négrier et la classe dite « plein-air » des Tagarins, clairière aménagée au nord du quartier.

Troisième image, mais douloureuse, les conséquences du décès de ma petite sœur Suzanne qui, victime d'une coupure à un membre inférieur, ne put pas être sauvée et notamment traitée avec de la pénicilline qui commençait seulement à être diffusée en Afrique du Nord et était réservée aux soldats du front algéro-tunisien… Ma mère fut particulièrement éprouvée, ce qui se comprend et je me souviens d'elle allongée sur le lit dans sa chambre entourée de voisines qui essayaient de la réconforter…

Par la suite, mes parents, c'est du moins ce que j'ai ressenti, m'ont en quelque sorte et d'une certaine façon, « reproché » d'être toujours présent alors que Suzanne n'était plus là… Il convient que l'enfant survivant, c'est tout au moins ce que je pense, fasse en sorte de justifier l'amour parental en allant dans certaines circonstances au-delà de ce que l'on peut attendre de lui.

Je viens d'évoquer le front algéro-tunisien. Il convient de rappeler que l'opération « Torch » fut un succès pour les 3 secteurs de débarquement, mais la Tunisie qui était sous protectorat français fut livrée aux troupes allemandes sans aucune résistance par les représentants du gouvernement dit de Vichy…

Ma mère qui travaillait comme secrétaire dans une entreprise gérant l'alfa, espèce particulière de plante poussant dans le Sud-Oranais et qui sert notamment à fabriquer des papiers d'impression de qualité que les Britanniques ont toujours appréciés, ne pouvant s'occuper de moi en l'absence de mon père qui était mobilisé, me confia à ma grand-mère paternelle, Marie née Marie-Jeanne Arlandis, d'origine espagnole andalouse qui devint française à son mariage avec Félix mon grand-père dont on m'a beaucoup parlé.

Après le départ d'Alsace en 1871 des régions de Colmar et Guebwiller, les parents de Félix qui avaient refusé comme beaucoup d'autres Alsaciens-Lorrains de devenir des citoyens de l'Empire allemand conformément aux dispositions du traité de Francfort qui permettaient d'effectuer le choix de sa nationalité jusqu'en 1872, constituèrent le convoi Ziegler et prirent un bateau à Marseille avec beaucoup d'autres Alsaciens-Lorrains et débarquèrent à Philippeville.

Il faut rappeler que le Bas-Rhin, le Haut-Rhin à l'exception de ce qui deviendra le Territoire de Belfort en raison de la défense organisée par le colonel Denfert-Rochereau au siège de la ville entre le mois de novembre 1870 et la date de l'armistice du 15 février 1871 ainsi qu'une partie de la Lorraine vont constituer des taches noires sur la carte de France présentée aux élèves des classes des écoles primaires et secondaires après 1871…

Le lion symbole de la ville de Belfort a été très largement connu et représenté dans le monde. Ma mère Solange est née en janvier1916 à Danjoutin dans ledit Territoire de Belfort.

Les historiens considèrent que 70 000 Alsaciens-Lorrains s'installèrent en Algérie, que plus de 60 000 émigrèrent vers des régions industrielles de France, mais également, ce qui n'est pas toujours indiqué que beaucoup (comme les Irlandais), partirent vers l'Amérique… et un des derniers exemples connus est celui de Russel Schweickart, astronaute américain qui participa au vol d'Apollo 9 en mars 1969 et réalisa une sortie extravéhiculaire pour tester un scaphandre. Il est d'origine alsacienne par son père né à Lembach dans le Bas-Rhin et est devenu citoyen d'honneur de cette commune…

Mon grand-père paternel Félix naquit à Philippeville en 1875 et comme beaucoup de ses compatriotes d'origine s'orienta vers les professions de construction des bâtiments, ce qui était d'autant plus justifié avec le développement des constructions dans les départements qui commençaient à constituer l'Algérie.

Il devint Maître Charpentier et pour enseigner les techniques aux candidats adhéra à l'union du compagnonnage, association qui a traversé les siècles et continue d'exister. Il opta en tant que natif d'Algérie pour la branche dite « Compagnons du tour de France » avec comme surnom « l'Afrique » ce qui constitue tout un programme. Une des rares photos que j'ai pu récupérer de lui est assez révélatrice : il pose en étant accoudé à un tabouret auquel a été accrochée une épée de combat et est revêtu de l'uniforme noir et seyant du 116e régiment d'infanterie…

Mais ses qualités professionnelles ne l'avaient pas empêché d'apprécier l'absinthe parmi d'autres alcools qu'il consommait seul ou avec d'autres entrepreneurs et artisans dans les bars et tavernes près de Belcourt, de l'Arsenal et du Champ de Manœuvres quartiers algérois connus…

Il vécut dans les derniers moments de sa vie au 5e étage d'un immeuble situé au numéro 1 de la rue des Colons (cela ne s'invente pas même si la famille de Félix Franck ne fut propriétaire d'aucune terre pouvant justifier cette qualification).

Il décéda en 1926 à l'âge de 51 ans…

C'est dans cet appartement où vécurent également mon père Albert et mon oncle Félix que j'ai connu de 1946 à 1948 la scolarité dans l'école située dans la rue adjacente et qui portait le nom d'« École du 4 septembre ».

Mais auparavant c'est-à-dire entre 1944 et 1946, j'ai été pris en charge par la Famille Stucklé (encore des Alsaciens…) à Détrie dans le département d'Oran prés de Sidi Bel Abbés où se trouvait la caserne du 1er Régiment de la Légion étrangère… La petite ville fut considérée comme le berceau de cette magnifique unité de l'Armée française.

Mon oncle et parrain, Félix Franck, avait épousé Renée Stucklé, et comme beaucoup d'autres natifs d'Algérie, il avait été incorporé dans les unités destinées à combattre l'ennemi commun et à libérer le pays… ce qui est malheureusement oublié ou omis par beaucoup de journalistes rappelant le déroulement de faits s'étant produits dans cette période…

Il faisait partie du 7e RTA (Régiment de Tirailleurs Algériens) de la 3e DIA (Division d'Infanterie Algérienne). Il s'était engagé à l'âge de 18 ans, car il ne pouvait pas, compte tenu du décès de mon grand-père et de la nécessité pour Marie de trouver des emplois temporaires, poursuivre des études ou simplement telle ou telle formation professionnelle. Il a participé après le débarquement du Lavandou le 15 août 1944 à la libération de la région sud du pays et en finale de Notre-Dame de la Garde à Marseille après les combats qui se sont déroulés dans la Montée de l'Oratoire (voir l'épave du char portant le nom de « Jeanne d'Arc » qui s'y trouve toujours et dont l'un des officiers-commandants est mort dans les bras de Félix…).

Il est également nécessaire de rappeler, car ainsi que je le répète « l'Histoire c'est la mémoire » que parmi les prisonniers combattant dans « les unités de la Wehrmacht » défendant le sommet de la montée ainsi que la basilique figuraient des Ukrainiens de la région de Galicie située au nord de Lviv près de la frontière avec la Pologne qui a sur son territoire l'autre partie de ladite Galicie, ancienne entité de l'empire austro-hongrois…

Je n'entends pas vouloir salir les Ukrainiens en rappelant ce qui précède. La « terreur rouge qui a sévi en Russie entre 1918 et 1924 » (cf. l'ouvrage de Sergueï Melgounov) a laissé des traces puisque l'auteur journaliste russe expulsé d'URSS et qui l'a fait publier en 1923 à Berlin a décrit dans le chapitre concernant les exécutions pratiquées dans le sud de l'ancien empire russe et par conséquent l'Ukraine : « Ce n'était déjà plus de la guerre civile, mais l'extermination de l'ancien ennemi. C'était un acte destiné à semer l'épouvante pour l'avenir… ».

Dans le même temps mon père qui avait été blessé à la tête par un ensemble de grosses boîtes de conserves de nourritures lors de l'embarquement à destination de Salerne (baie de Naples) (ce qui provoqua toujours des plaisanteries dans son entourage sur la puissance de certaines conserves), assista dans l'unité de commandement du général de Lattre de Tassigny à la reprise sans combat d'Aix-en-Provence. Se trouvant devant la porte d'accès au Casino municipal qui n'était pas très éloigné de la place de la Rotonde qui est largement connue comme symbole de la cité du Roi René, il entendit l'un des « fidèles clients » du lieu dire « Je ne comprends pas pourquoi les soldats recherchent les militaires allemands se trouvant dans la ville, car on a toujours pu fréquenter cet établissement sans problème »…

Après avoir défilé en grand uniforme des tirailleurs (sur le Vieux-Port le 29 août 1944) mon oncle est parti en Alsace avec la division du général de Monsabert pour combattre dans le massif des Vosges et défendre Strasbourg qui avait été reprise selon les instructions du général de Gaulle alors que le général Eisenhower qui fut, je le rappelle, le commandant en chef des forces alliées en Europe, considérait qu'il fallait effectuer un mouvement de repli pour mieux combattre les dernières offensives allemandes. Félix a été fait prisonnier par les troupes allemandes début 1945.

Je me trouvais dans l'appartement de la rue des Colons lorsque ma tante Renée a ouvert le télégramme militaire signalant que le sergent

Franck Félix était « porté disparu »… Ma grand-mère Marie était également présente et ce fut un gros choc…

Renée, ma tante partant à Détrie pour être près des siens m'emmena et c'est ainsi que je découvris ce qu'était une petite exploitation agricole de « colon français » à l'âge de 5 ans avec les tâches et travaux qui y sont exécutés au quotidien.

Comme un certain nombre d'Alsaciens-Lorrains originaires des départements transférés au Reich allemand en 1872, les parents d'Albert Stucklé avaient décidé de rester Français et étaient partis en Algérie où ils avaient acquis des lopins de terre pour développer une ferme de production et d'élevage à Sidi Lahcen, premier nom de Détrie qui fut reconnue comme commune en 1874. C'était le petit village traditionnel français dont la voie principale, l'avenue d'Oran débouchait sur la place principale où avait été édifiée l'Église Saint-Augustin qui était un bel édifice religieux.

En mai 1945, Albert, mon grand-père par alliance nous réunit dans la salle à manger, c'est-à-dire Louise, son épouse et leurs filles Lucienne, dite « Lulu », Renée, Nancy et Arlette la cadette.

Il avait sorti un fusil qu'il avait placé près de la cheminée ce qui n'avait pas manqué de nous surprendre et nous informa que des évènements très graves venaient de se dérouler à Sétif dans le Nord constantinois et à Guelma avec des morts et des blessés.

Sans le savoir, j'entendais évoquer les informations concernant ce qui allait devenir « le début des évènements d'Algérie »… et que mon grand-père me détailla par la suite.

Dans l'après-midi du 8 mai 1945, il devait se dérouler comme dans toutes les communes importantes d'Algérie une cérémonie pour fêter la fin de la guerre et la victoire des Alliés sur les forces de l'Axe. Et ce d'autant que les Français de souche européenne et algérienne avaient payé un lourd tribut à cette victoire… Les membres du PPA parti de Messali Hadj qui venait d'être déplacé au Congo après une tentative d'évasion manquée avaient sollicité des autorités une autorisation pour honorer les victimes de cette guerre. Un accord leur fut donné sous réserve de ne pas porter des drapeaux et bannières antifrançais.

Les scouts musulmans éloignés de la conception de Baden-Powell suivis de plusieurs milliers de participants et portant des banderoles réclamant la libération de Messali Hadj et un étendard demandant que l'Algérie devienne indépendante furent arrêtés quelques instants par un barrage de 4 policiers et le commissaire présent tenta d'arracher l'emblème indépendantiste que portait un scout musulman et c'est à ce moment-là qu'un coup de feu fut entendu. La petite Arlette Nakache âgée de 9 ans fut malheureusement la première victime de cette journée. Le scout musulman Bouzid Saâl blessé mourut à l'hôpital…

Mon grand-père m'a précisé que le maire de Sétif Edouard Delucca fut tué alors qu'il tentait d'éviter qu'une émeute se développe… Lorsque l'on se remémore que cette journée était consacrée aux victimes de la guerre et aux pertes éprouvées par les troupes originaires d'Afrique du Nord (qui amenèrent le général de Gaulle à promouvoir l'intégration des FFI pour le remplacement de certaines unités qui avaient subi des pertes importantes), on ne peut qu'être profondément choqué en apprenant ce qui précède…

D'autant que des affiches et banderoles installées dans les grandes villes et notamment à Alger proposaient aux Européens d'Algérie de prévoir :

« La valise ou le cercueil ».

Tous les natifs d'Algérie ainsi que ceux qui avaient choisi cette région pour s'y installer, travailler ou y vivre ont gardé dans la mémoire cette injonction et pourtant pour tous ceux qui ont participé au développement de l'Algérie dont la ville principale fut tout de même considérée comme la capitale de la France entre fin 1942 et fin août 1944 (et élue comme capitale la plus propre en 1935…) ce choix ne pouvait être accepté puisque l'Algérie, la Régence d'Alger, au même titre que la Tunisie et la Libye, était une province de l'Empire ottoman… avant la venue des troupes françaises en 1830.

Ferhat Abbas a écrit, dois-je le rappeler, que la France n'a pas colonisé l'Algérie, mais l'a créée…

La Seconde Guerre mondiale étant terminée (les 8 mai et 2 septembre 1945 selon la partie de la planète où l'on se trouvait), il fallait penser à revivre pour les adultes, c'est-à-dire reprendre des activités salariées ou chercher des emplois compte tenu de la nécessité d'assumer les besoins de sa famille.

En ce qui me concerne, j'étais presque âgé de 5 ans et continuais à vivre à Détrie, la ville des grands-parents, par alliance les Stucklé. Je partageais la carriole conduite par Albert et découvris l'attirance et les sentiments que l'on peut éprouver pour les équidés…

J'ai appris, mais ne le sus réellement postérieurement, que la caserne du 1er régiment étranger de Sidi Bel Abbes, autrement dit de la Légion étrangère, permit à cette époque de former un certain nombre de prisonniers de l'armée allemande qui avaient été « sélectionnés » pour être envoyés en Indochine où la situation s'était dégradée et où on manquait d'hommes notamment après ce qui est qualifié de « coup de force » des Japonais, survenu en mars 1945 qui incita des Indochinois à revendiquer l'indépendance du Viêt-nam, du Laos et du Cambodge…

L'élève officier SS qui avec sa section avait fait prisonnier Félix lors des combats de la poche de Colmar et des attaques contre Strasbourg entendait le faire fusiller en tant qu'Alsacien déserteur puisque les troupes du IIIe Reich avaient reçu les renforts des Alsaciens-Lorrains peuplant les départements qui de 1871 à 1919 furent sous la tutelle allemande. Les recrutés (d'office) ont servi d'abord sur le front russe où un certain nombre d'entre eux ont perdu la vie, ce qui explique que dans la plupart des communes de cette région il existe 2 monuments aux morts, un pour les Français morts au champ d'honneur et un autre pour les « malgré nous »…

Félix rappela qu'il était un sous-officier de l'armée française originaire d'Afrique du Nord et qu'il connaissait bien le capitaine Martinez de la Légion.

Un feldwebel (adjudant) qui se trouvait près de l'élève officier confirma ce que Félix venait de préciser ce qui lui évita l'exécution… (Une chance que ce sous-officier allemand ait approché les gens de la Légion antérieurement.)

Lorsque ma mère me fit connaître l'Alsace en 1956, je fus quelque peu surpris de voir une page par semaine des quotidiens locaux parmi les plus connus (Dernières nouvelles d'Alsace, l'Alsace…) consacrée sous le titre « Wir kennen sie… » (Nous les connaissons) et photos à l'appui, aux Français de cette région qui avaient été incorporés de force dans l'Armée allemande et qui avaient été portés disparus.

C'est un décret du IIIe Reich du 25 août 1942 qui prévoyait que les jeunes Alsaciens-Lorrains effectueraient leur service militaire dans la Wehrmacht, mais compte tenu de la formation militaire et psychologique nécessaire (menaces entre autres concernant la famille) l'incorporation de nos compatriotes s'effectua à partir du mois d'octobre 1942.

Pour éviter leur condamnation, les autorités nazies firent détruire en 1945 les archives y relatives…

C'est pourquoi on entendait pendant les combats sur le front russe quelquefois lorsque des soldats sous uniforme allemand se rendaient cette courte phrase « Ya franzous… ! » ce qui signifie « Je suis français », mais cela n'empêcha pas les exécutions sommaires d'être effectuées…

En 1944, compte tenu de l'avancement de la libération de notre pays et des relations avec l'Union soviétique avec les engagements des FTP, ce sont environ 1 500 « Malgré-Nous » qui sont rendus à la vie civile et apparaissent dans les Actualités Françaises diffusées dans les salles de cinéma des régions libérées. En réalité, cette libération était la contrepartie du retour en Russie de prisonniers soviétiques se trouvant en Occident (voir ce qui précède concernant les natifs de Galicie à Marseille par exemple…).

La prise du pouvoir par le Général de Gaulle ainsi que les reproches formulés aux communistes en leur rappelant qu'ils avaient attendu le mois de juin 1941 et l'invasion de la Russie par les troupes allemandes pour se positionner contre les Allemands ont réduit fortement sinon bloqué les retours.

Les historiens considèrent que sur les 130 000 incorporés de force 30 à 40 000 sont morts en ligne et 11 à 20 000 sont portés disparus dont 12 000 dans les camps soviétiques et principalement le camp 188 à Rada dit « camp de Tambov ».

En 1955 (!), le Strasbourgeois Jean-Jacques Remetter est le dernier « malgré nous » à être libéré. Ce retour a provoqué à nouveau les investigations concernant les « portés disparus » dans la presse locale d'Alsace-Lorraine… d'où les articles précités.

Après le front russe, les Alsaciens-Lorrains servirent sur la « ligne gothique » (en Italie) et en tant que formateur j'eus la surprise dans les années 70 alors que je présentais un stage de formation dans le domaine des assurances dans la salle des évêques du mont Sainte-Odile dans la commune d'Obernai près de Strasbourg d'entendre un des stagiaires m'indiquer qu'il avait servi sur la ligne gothique (il était intervenu lors du stage entre autres pour demander que l'on parle un peu plus lentement parce que l'un des futurs formateurs qui était Bordelais parlait, selon lui, trop vite, ce qui démontre que le français demeurait à cette période encore une seconde langue dans les départements concernés…)

Compte tenu de ce qui précède, on ne peut plus s'en étonner… mais comprendre et ne pas affubler les Alsaciens-Lorrains d'un qualificatif qu'ils ne méritent certainement pas.

Félix qui fut libéré par les troupes du général de Lattre et contrôlé sur le plan médical en raison des mauvais traitements physiques qu'il subit pendant son séjour au stalag (camp de soldats prisonniers) fut affecté à son retour à Alger aux services du Trésor public dont les bureaux étaient situés rue de Tanger et deux ans plus tard près de la place du gouvernement à proximité de la statue équestre du Duc d'Orléans et de la grande mosquée Djamaa El-Jadid plus ancienne mosquée d'Alger construite vers 1660. Ce lieu conserve toute sa grandeur plus de soixante ans après l'indépendance, de l'avis d'Algériens vivant en France, mais se rendant sur place au moment des vacances, le « retour au bled » comme ils disent.

Puisqu'avec mes souvenirs l'occasion m'en est donnée je me permets de rappeler que la fameuse statue visible sur les photos et reportages de l'époque, fut érigée le 28 octobre 1845 et qu'il s'agit de celle de Ferdinand Philippe Duc d'Orléans, fils aîné du roi Louis-Philippe et artisan de la conquête de l'Algérie où il servit comme lieutenant-général. Il perdit la vie dans un accident de cheval et c'est la raison pour laquelle la statue le représenta.

C'était un lieu de rendez-vous pour beaucoup d'Algérois des quartiers est de la ville

Cette statue, on s'en doute, fit l'objet de dégradations volontaires après juillet 1962 et elle fut rapatriée en France. On peut la voir à Neuilly sur Seine…

Albert mon père qui appréciait le cinéma et le monde du spectacle et de la mode fut embauché par M. Edmond Tenoudji dont la famille est toujours connue (cf. Laura Tenoudji épouse de Christian Estrosi maire de Nice), pour développer la distribution cinématographique qui a toujours été appréciée par les personnes vivant de l'autre côté de la Méditerranée principalement dans les villes qui étaient équipées de salles de cinéma bien entendu.

C'est un métier intéressant puisque le distributeur fait le lien entre les producteurs de films ou leurs représentants ou filiales et les exploitants des salles. Le distributeur doit se constituer un réseau et connaître les films qui sont produits ainsi que les acteurs.

On rencontre ainsi des gens de qualité ou qui deviendront célèbres.

Pour les films distribués en Afrique du Nord puis en Algérie se posait toutefois le problème de la langue, car les Français de souche nord-africaine s'exprimaient en arabe dialectal alors que les films égyptiens par exemple étaient produits avec comme langue l'arabe littéraire. Cette dernière est la langue du Coran et celle permettant de s'exprimer et de se faire comprendre dans la plupart des pays dits arabes. L'arabe dialectal comme on s'en doute est celui pratiqué dans chaque pays ou région et notamment le lecteur l'aura compris dans le bled. Les différences sont marquantes. Exemple le chiffre 2 qui se traduit par « Itnin » en Égypte devient « zoudj » en Algérie. Je ne souhaite pas faire un cours du type IEP à ce sujet, mais je regrette vivement et déplore que les lois dites de la République c'est-à-dire les lois issues de la Révolution française n'aient pas permis en Algérie comme dans d'autres régions dites de « l'Empire colonial français » de pratiquer les langues locales et de mieux comprendre les habitants de ladite région dans tous les sens de l'expression. C'était l'un des principes avancés par Napoléon III dans son programme de royaume franco-algérien…

J'ai été formateur pendant un certain nombre d'années et ai eu le plaisir d'aller aux Antilles pour ce faire. Il faut toujours revoir les tableaux que l'on va présenter aux participants et cela s'est avéré tout à fait justifié puisqu'à propos de certaines responsabilités dans le secteur des entreprises on évoquait « le travail au noir »… J'ai remplacé cette appellation par « travail clandestin » et je pense que c'est beaucoup mieux. C'est un exemple parmi d'autres…

Le développement des évènements de rébellion amena le GGA (Gouvernement Général d'Alger) à créer un poste consacré notamment au contrôle des films d'origine égyptienne entre autres.

En revanche le cinéma « Caméo » situé boulevard Baudin (du nom d'un député célèbre mort à Paris sur une barricade le 2 décembre 1851) à proximité du Commissariat central de police ne diffusait que des films en version anglaise sous-titrés en français, ce qui permettait aux élèves et étudiants soucieux de bien parler la langue de Shakespeare d'effectuer des autocontrôles.

Le lecteur aura compris que grâce à mon père je pouvais avoir accès à un certain nombre de salles pour voir tel ou tel film qui m'intéressait.

En revanche ce qui précède n'était pas possible les jours de fêtes et autres évènements et il fallait « faire la queue » comme tout le monde...

Mon père se constitua ainsi un réseau de personnes dynamiques et sympathiques et je conserve en mémoire le directeur régional de la filiale de la Sté Universal International dont le bureau en étage se situait au haut de la rue Michelet près de l'avenue Claude Debussy dont le cinéma avait pris la suite de l'hôtel l'Oriental...

Je revins chez ma grand-mère paternelle fin 1945 et elle continua à s'occuper de moi, car mes parents traversèrent alors une période relationnelle difficile.

J'appris ainsi à vivre dans les rues des Colons et du 4 septembre puisque l'immeuble était à l'angle.

Du balcon de l'appartement situé au 5e étage, la vue sur Alger était très belle et assez dégagée et l'on apercevait les immeubles du quartier de l'Agha ainsi que la gare du même nom puisque nous étions à proximité des voies ferrées.

Au pied de l'immeuble de l'autre côté de la rue des Colons se dressait l'établissement de fabrication de glaces du groupe BGA (Brasseries et Glacières d'Algérie).

On apercevait aussi bien entendu la mer, ce qui m'a toujours paru important au niveau psychologique.

Ma grand-mère ne disposant pas de revenus importants en dehors de la participation financière de mes parents pour pouvoir m'élever et me nourrir avait une petite glacière qui se trouvait sur le balcon et une fois par semaine à l'issue de la fabrication des blocs de glace, l'établissement précité jetait sur un coin de la placette attenante à celui-ci et tenant lieu de stationnement pour les poids lourds frigorifiques les résidus neigeux de glace.

Je me précipitais avec d'autres enfants et adultes pour en récupérer une partie et pouvoir ainsi charger la glacière et qui pouvait ainsi assumer sa fonction…

En face de l'entrée de l'immeuble se trouvait un marché couvert (comme on en voit encore beaucoup en Espagne et sur la Côte d'Azur) qui permettait aux producteurs de fruits et légumes locaux, car c'était la fin de la guerre et il n'y avait pas encore de produits venus de métropole ou du sud du pays, de les vendre aux habitants du quartier et aux commerçants.

Les poissons et coquillages étaient achetés dans les échoppes du port à proximité des boulevards et portaient le nom de La Poissonnerie que l'on voit dans beaucoup de photos du port d'Alger…

Il y avait bien sûr des immeubles et l'École que j'allais fréquenter pendant deux années.

Dans les immeubles vivaient des familles de gens simples comme les Licatesi.

René Licatesi alias « Néné » travailla dans un salon de coiffure pour hommes installé rue Alfred Leluch à proximité de la Préfecture où je me rendais lorsque je fus lycéen et anticipant le rapatriement, il ouvrit une petite structure de coiffure pour hommes et femmes à Paris dans le secteur de la Gare de l'Est et je fus son client en 1956-57 pendant l'année d'internat au Lycée Lakanal à Bourg-la-Reine. J'utilisais le Métro cher à Serge Gainsbourg et il fallait compter 14 stations depuis la Porte d'Italie pour arriver à Château d'Eau…

Le cadet de la famille Serge était un boxeur reconnu qui tenta de devenir champion de France dans la catégorie des poids légers. Il faut imaginer que Marcel Cerdan natif de Sidi Bel Abbes a beaucoup marqué les esprits en Afrique du Nord et Alphonse Halimi né à Constantine aussi puisqu'il fut champion du monde catégorie « poids coq »…

Dans le haut de la rue des Colons qui menait au quartier dit du Champ de Manœuvres (héritage du passé) se trouvaient quelques bâtiments dans lesquels avaient été regroupés des gitans et un contrôle d'accès avait été mis en place pour éviter des débordements…

Un peu plus haut dans la même rue vivaient au premier étage dans un immeuble bourgeois, Mme Estalric et son fils. C'était une dame appartenant à la bonne société algéroise sans pour autant être propriétaire de terres et/ou de vignobles. Je l'appréciais beaucoup, car chaque fois qu'un cirque s'installait au Champ de Manœuvres, elle m'offrait une entrée ainsi qu'un ballon baudruche… Le lecteur aura compris qu'il s'agissait principalement du cirque Amar fondé au siècle précédent à Bordj Bou Arreridj. Ce qui tendrait à prouver qu'en matière de cirque nous n'avions pas de leçon à recevoir…

Revenons à l'École dont je fus, paraît-il, un élève apprécié pendant deux ans.

Il y avait deux grandes classes dans cette École appelée « École du 4 septembre » en fonction du nom de la rue et aussi de l'Histoire de notre pays et on apprenait aux garçons à être propres, à se laver les mains… mais aussi à savoir lire, écrire et compter…

Je me souviens de l'un des élèves qui s'appelait Jean-Claude Chozard qui vivait avec sa mère au 4e étage de « notre » immeuble. Ce fut un bon camarade comme on aime en rencontrer pendant la scolarité.

L'enseignement qui nous était dispensé était identique à celui des écoles métropolitaines, ce que l'on peut regretter aussi, car si on avait préparé les élèves qu'ils soient de souche française ou nord-africaine à connaître l'histoire de l'Algérie notamment et des peuples y habitant on aurait pu sinon les éviter, au moins limiter considérablement les conséquences des évènements qui se produisirent à partir de 1954…

Depuis la Révolution, c'est malheureusement un constat. On ne peut accepter que des lois puissent concerner des régions du pays sans pour autant devoir être appliquées partout. C'est une des raisons de la révolte des Chouans et des paysans de Vendée et pourtant gouverner c'est prévoir… J'y reviendrai un peu plus loin.

Mes parents ne se manifestèrent pas vis-à-vis des maîtres et maîtresses pendant ces deux années et ma grand-mère qui était analphabète ne pouvait pas contrôler mes connaissances…

Elle était en revanche très marquée par des sentiments antimétropolitains et me raconta sa version de l'affaire dite « Dreyfus » en justifiant même certains actes antisémites…

Née en 1884 à la maternité de l'Hôpital civil de Mustapha (c'était le nom du quartier d'origine), elle a vécu au plus près l'histoire de notre région (son père cordonnier et sa mère venant de Cadix en Espagne sont décédés à des âges inférieurs à 45 ans…). Elle se nommait ainsi que je l'ai indiqué Marie-Jeanne Arlandis.

Quelles étaient mes activités pendant ces deux années de dehors de la fréquentation de l'École ?

Nous nous rendions au cimetière du boulevard Bru en utilisant le trolley dont la station de départ se trouvait au Champ de Manœuvres et dont la lettre d'identification était le « K » barré, sans jeu de mots bien entendu.

Un tombeau avait été ouvert à la mort de mon grand-père et le cercueil du corps de ma sœur Suzanne y fut placé en 1942.

Ma grand-mère faisait comme c'est souvent la coutume des commentaires sur tel ou tel caveau et c'est ainsi que j'ai appris qu'elle avait travaillé pour la famille Velo à la mort de Félix pour s'occuper du fils et obtenir une paie récurrente. Malheureusement, celui-ci fut enlevé par une maladie grave et elle fit en sorte de trouver d'autres activités rémunérantes.

En nous rendant dans la travée où se trouvait la tombe de Félix et Suzanne Franck, nous passions devant un caveau consacré à Pierre Savorgnan de Brazza. Je sus plusieurs années après lorsque j'allais au lycée qu'il s'agissait de l'explorateur dont le nom familial a été utilisé pour nommer la capitale du Congo (ex-français)… Brazzaville.

J'ai retrouvé quelques notes et photos concernant les funérailles de ce personnage d'origine italienne qui se déroulèrent en septembre 1905 à Alger.

Une ville avec une histoire conserve forcément les restes et souvenirs des personnages et personnes qui l'ont marquée ou honorée.

Nous allions aussi voir la famille Melia qui habitait un immeuble de la rue Marey non loin du cimetière musulman dans le quartier du Hamma à Belcourt. Je me souviens de cette cohabitation entre Européens et musulmans qui m'a surpris parce que je n'y étais pas habitué au Champ de manœuvres où nous demeurions. Il y avait des viandes qui étaient exposées devant les immeubles, beaucoup de linge qui pendait aux fenêtres ou sur les avancées qui constituaient des balcons. Cette famille Mélia était arrivée en Algérie en provenance d'Espagne dans la même période que les Arlandis et est restée proche de ma grand-mère. Suzanne Mélia, leur fille, qui est celle que j'ai le plus connue puisqu'elle a vécu pendant quelques années avec mes parents rue Duc des Cars puis rue Burdeau était par conséquent considérée comme une cousine éloignée de mon père même si elle vécut près de lui. Lorsqu'on parlait d'elle dans l'intimité familiale, il évoquait la « cousine de la cuisse gauche »…

Ses parents purent quitter la rue Marey dans les années cinquante pour vivre dans une villa comportant un petit jardin et poulailler dans le quartier où fut réalisé un nouvel ensemble immobilier dénommé « Climat de France » au-dessus de Bab El Oued. Ce fut l'une des trois réalisations de l'architecte devenu célèbre Fernand Pouillon, commandées par Jacques Chevallier, maire d'Alger et commis à certains égards de Georges Blachette (le « patron » de ma mère, voir ci-dessous).

Cette réalisation originale destinée à aider à la pacification de la ville et donc de l'Algérie, inaugurée solennellement en 1957, est devenue aujourd'hui selon les critiques formulées un véritable ghetto… Certains journaux et quotidiens rendirent hommage à ce maître d'œuvre certainement hors du commun et évoquèrent des « images gravées dans la pierre… »

Nous nous rendions aussi avec ma grand-mère Marie au Clos Salembier pour rendre visite à une famille qu'elle connaissait depuis longtemps. Je pouvais jouer avec les petits enfants de ces personnes et c'était un plaisir, car de retour dans l'appartement je n'avais pas beaucoup de loisirs sinon m'amuser avec la « toto trolley » qui était un morceau de bois dans lequel un voisin avait fixé une grosse épingle à nourrice pour simuler les perches de contact…

Également ma grand-mère qui avait un sens de l'amitié particulièrement développé m'emmenait environ une fois par mois rencontrer Lucie qui vivait très pauvrement dans la cité des retraités des mines qui avait été construite au-dessus du quartier de Mustapha. Son mari qui avait connu mon grand-père était décédé et elle n'avait plus que deux membres de sa famille qui venaient la soutenir dans sa grande tristesse. Je l'ai ressentie malgré mon jeune âge et ma grand-mère justifiait d'autant ses visites…

Le dimanche et les autres jours marqués par des célébrations de fêtes chrétiennes, elle m'emmenait à l'Église St-Bonaventure située à proximité du centre sportif des GLEA (Groupes Laïques).

Le père Hollande y officiait lorsque j'étais âgé de 5 à 8 ans. C'était bien le nom du prêtre sans aucun lien de parenté avec un homme politique qui exerça en métropole plusieurs dizaines d'années après…

Mais il y avait aussi la famille de mon grand-père, son frère ouvrier du bâtiment qui demeurait dans un immeuble du quartier de Belcourt rue Rigodit avec son épouse dont le caractère était plus que marqué et ils élevaient les deux filles de leur fils mort au combat pendant la Seconde Guerre mondiale. L'aînée Betty était en rapport d'âge avec moi et nous avons conservé des liens puisque j'ai assisté à son mariage un certain nombre d'années plus tard…

Leur fils aîné Edouard vivait aussi avec son épouse dans cet immeuble populaire à l'étage inférieur et avait hérité de sa mère le caractère trempé qui l'amena malheureusement à commettre un homicide et à purger une peine d'emprisonnement d'une douzaine d'années à la célèbre prison de Barberousse du nom du pirate connu d'origine albanaise qui participa à la prise d'Alger avec le sultan Soliman et infligea ultérieurement une défaite aux troupes de Charles Quint… Ces faits se déroulèrent en mai 1529 et expliquent que la Méditerranée fut en partie leur domaine d'intervention pendant 3 siècles…

Mes parents et aussi mon oncle et ma tante n'ont pas apprécié comme on s'en doute les conséquences par rapport au nom familial de cette affaire qui a amené la presse algéroise à diffuser un certain nombre d'articles, car Edouard était connu dans le milieu sportif…

Je me souviens à cet égard d'une fin d'après-midi où revenant du cinéma le Roxy nous nous sommes arrêtés pour boire une boisson gazeuse dans un bar de la rue de Lyon et le patron serveur au bar nous a dit « Alors on est de sortie et ça s'arrose… »…

Les relations avec les voisins dans l'immeuble où ma grand-mère vivait étaient bonnes, mais on sortait si l'on peut dire d'une guerre et il fallait que les familles se recomposent et redéfinissent leur avenir lorsqu'il fallait trouver un ou des emplois. Marie Franck ne sollicitait pas les autres occupants, car elle avait à élever son petit-fils.

Je me souviens de la terrasse de l'immeuble qui se trouvait au 5e étage en face de l'appartement où nous vivions et qui servait comme c'était l'usage à l'étendage de pièces de linge importantes comme les draps ou les couvertures. Nous étions en Afrique du Nord et la température était plutôt élevée, mais en hiver ou à l'occasion de journées ventées et pluvieuses la couverture s'avérait nécessaire pour dormir ou pour se couvrir pendant la sieste qui était également sérieusement pratiquée de ce côté de la Méditerranée… J'apprendrai plus tard que Winston Churchill lors de son séjour à Cuba pendant la guerre d'indépendance à la fin du 19e siècle découvrit la valeur de la sieste qu'il décida d'adopter et de pratiquer jusqu'à la fin de sa vie…

Lorsqu'il y eut des tempêtes de sirocco ou des invasions de sauterelles (ce n'était pas fréquent, mais je m'en souviens), la terrasse changeait d'aspect et de couleur et le lendemain et les jours qui suivaient Mémé et d'autres voisines la remettaient en l'état, car les « pieds noirs » sont soucieux de la qualité de leurs lieux de vie…

Au terme des deux années de scolarité passées à l'École du 4 septembre, la directrice fit savoir à ma grand-mère qu'un prix me serait remis à titre exceptionnel, car ces symboles ne sont remis qu'aux élèves des classes des Écoles primaires.

J'ai beaucoup apprécié comme on peut s'en douter la réception de cet ouvrage « Les passagers de L'Aquila » rédigé par Annie Sauvadet qui comportait en page d'accueil après la couverture l'étiquette de la Ville d'Alger avec la signature de la directrice de l'École et non celle de M. Pierre-René Gazagne, maire d'Alger.

Je ne pus lire dans l'immédiat ce roman qui était analogue à ceux que l'on a largement connus ultérieurement signés par Agatha Christie ou James Hadley Chase.

Lorsque l'on n'a que 7 ans et demi, on ne peut évidemment pas comprendre les subtilités de ce type d'ouvrage. Mais comme on s'en doute, j'étais fier de l'avoir reçu et de l'indiquer à l'occasion d'une conversation.

Et les grandes vacances ?

Mes parents soucieux de ne pas imposer à ma grand-mère de me garder sans trop que je m'occupe pendant trois mois décidèrent de m'inscrire en « colonie de vacances ». C'est une terminologie bien connue actuellement puisqu'un certain nombre de films et de séries télévisées ont pris les colonies en décor de fond…

Mais en 1947, ce fut une première pour moi, ils m'inscrivirent par l'intermédiaire d'une Association qui était liée à la Croix rouge pour un séjour à Saint-Honoré-les-Bains, charmant site du département de la Nièvre et de la région Bourgogne Franche-Comté.

Il fallait prendre un paquebot pour se rendre à Marseille puis le train pour aller à Chalon-sur-Saône puis enfin un autocar pour arriver au lieu de séjour, une jolie station thermale.

Pour la majorité des quelque 40 inscrits âgés de 7 à 15 ans c'était l'occasion de découvrir la Métropole, mais aussi de marcher au pas dans les rues du village en chantant « Je connais un petit village entouré de pommiers fleuris… etc. » Mais aussi « C'est nous les Africains qui revenons de loin, nous venons des colonies pour défendre le pays… ».

C'était entre17h et le souper dans un amphithéâtre verdoyant dont je me souviens que nous apprenions à chanter bien sûr des couplets régionaux, mais aussi à découvrir par le canal des moniteurs l'histoire de la région où nous nous trouvions et aussi ses usages.

Le dimanche matin, nous nous rendions à l'office religieux à l'Église Saint-Loup qui selon les indications de nos moniteurs a été construite au XIe siècle avec des matériaux de récupération des anciens thermes gallo-romains.

Ce qui prouvait que la Métropole avait su prendre la suite de Rome…

Avec les deux ou trois inscrits d'origine nord-africaine et je me souviens qu'au moment de la communion, nous conservions les petites brioches que l'on nous remettait pour les offrir à Kader, Mustapha et un troisième dont j'ai oublié le prénom…

Mais pour en arriver là, revenons aux faits. Nous étions en 1947 et des grèves importantes ont marqué l'activité du pays et notamment dans un contexte d'inflation et de rationnement. Selon l'historique de cette période, les grèves commencèrent au mois d'avril à la régie Renault entreprise fraîchement nationalisée avec notamment la réduction de la ration quotidienne de pain (n'oublions pas que la guerre n'était terminée que depuis 2 ans environ…).

Les ministres communistes ayant été exclus du gouvernement de M. Ramadier, le PCF et la CGT appuyèrent le mouvement social qui fit tache d'huile.

De l'autre côté de la Méditerranée, on n'avait pas prévu de tels développements d'autant que des conflits locaux allaient se produire, mais en Afrique subsaharienne et même à Madagascar…

Conséquence, nous pûmes prendre le train jusqu'à Lyon et des autocars ensuite…

Nous sommes arrivés sur place vers 23 h et les personnes en charge de notre accueil et de notre suivi pendant le séjour n'avaient pu être informées de nos problèmes de transport… Par ailleurs, nos bagages avec notre linge, nos vêtements de change et notre « trousse de toilette » n'avaient pas pu être pris en charge dans l'autocar et il fallut attendre 2 à 3 jours pour nous changer… Le directeur de l'Association, M. Nègre nous apprit à fonctionner comme des scouts voire des petits soldats et à faire en sorte de ne pas faire fuir par l'odeur les personnes qui s'approchaient de nous.

L'arrivée des valises et sacs provoqua une grande joie et nous permit de rajouter un couplet à nos chants de 17 h.

Et puis nous avons appris à connaître et pratiquer la vie d'une colonie de vacances et avons découvert ce qu'était un établissement thermal avec piscine qui avait certainement bien fonctionné notamment après le mois de juin 1940 puisque la ville de Vichy n'était pas très éloignée…

Mais aussi nous avons appris à faire des marches dans les chemins boisés et à cet égard cette région du Morvan possédait de très belles forêts de chênes dont les rouges, mais qui ont subi il y a quelques années par rapport à la date d'écriture de ces lignes un début de disparition ce qui est très regrettable, car il s'avère que la déforestation a eu un impact certain sur les pandémies que nous avons connues…

Ce premier séjour en colonie de vacances a été très instructif et m'a permis ainsi qu'à beaucoup des autres participants de découvrir la Métropole, car c'est ainsi que nous appelions la France.

Le retour à Alger s'est effectué dans des conditions pratiquement normales et nous étions très heureux et admiratifs de découvrir depuis le pont supérieur de la classe 2 du paquebot qui nous ramenait la beauté architecturale et historique de la « capitale de chez nous » dite « Alger la blanche »…

Nos parents nous attendaient sur les quais et nous avons eu beaucoup de souvenirs et d'anecdotes à leur raconter.

Pour la rentrée de septembre 1948, mes parents m'ont inscrit à l'École Duc des Cars dont j'ai parlé avant et j'ai découvert une vie d'élève comme aiment à le montrer des réalisateurs de séries et de films.

L'École était très proche du lieu d'habitation, mais il y avait un certain nombre de commerces, notamment d'alimentation ou consacrés à la santé comme les pharmacies ou à la présentation physique avec les coiffeurs notamment. Ces derniers ne faisaient pas encore partie de nos préoccupations, mais nous avons appris à connaître les épiciers, marchands de fruits et légumes et boulangers dont assez souvent les enfants faisaient partie des classes de l'établissement.

En face de l'entrée de l'École des garçons et au pied des escaliers qui descendaient de la rue d'Estonie et qui constituaient la rue Emile Lacanaud, et conduisaient jusqu'à la rue Berthezène on trouvait un boucher mozabite le Chir qui vendait de la viande « halal » qui est de la viande destinée aux musulmans, mais dont l'abattage des animaux est soumis aux mêmes règles que pour les non-musulmans, mais aussi proposait le soir à la fermeture de son commerce des cours d'arabe oraux et écrits.

Le Mzab est une région située à plus de 500 km au sud d'Alger et peuplée de Berbères. Les magasins des mozabites vendant des fruits et légumes et produits d'épicerie spécialisés dans la cuisine nord-africaine se reconnaissaient par leurs étals très bien présentés et rangés.

Dans le prolongement de la boucherie, il y avait la pharmacie tenue par M. et Mme Michel, parents du musicien de jazz Jean-Christian Michel (et aussi docteur en médecine). M. Maurice Michel fut malheureusement assassiné dans son officine au début de 1962 lors d'une opération perpétrée par des « barbouzes » qui voulaient « liquider » le préparateur… (voir plus loin). En dehors de toute considération politique, c'étaient des pharmaciens remarquables et très efficaces.

En traversant la rue Duc des Cars, en reprenant les escaliers de la rue Emile Lacanaud qui menaient vers le bas, c'est-à-dire la rue Duc des Cars qui suivait un tracé particulier, se trouvait la boulangerie de Mme Ferrer qui proposait entre autres de remarquables mantecados qui sont des biscuits sablés d'origine andalouse. Puis le garage dit « américain » exploité par M. Marceau où l'on pouvait faire l'acquisition de beaux modèles créés de l'autre côté de l'Atlantique comme les Cadillac, les Chrysler, les Studebaker et autres…

L'oncle de mon épouse Danielle, qui avait voulu réussir aux États-Unis et en Californie s'il vous plaît, avait finalement renoncé et était revenu à Alger où il circulait au volant d'une magnifique Studebaker qu'il avait ramené des States. Imaginons le voyage du retour depuis la Californie jusqu'au port d'embarquement « Il était une fois l'Amérique… ».

La présence d'un tel garage ne surprenait donc pas.

En remontant la rue Duc des Cars il y avait l'épicerie de M. Hestin au n° 28, une droguerie au n° 36 dont la commerçante était Mme Brickner qui vendait des pistolets à eau que j'aimais bien (trop ont dit mes parents, car j'en ai « emprunté » un une fois à la commerçante sans son accord ce qui m'a valu une punition dont je me suis souvenu pendant longtemps) et dans l'appartement de laquelle j'ai écouté à la radio grâce à son fils le compte rendu en direct et en français du combat de boxe qui s'est déroulé aux États-Unis à Jersey City le 21 septembre 1948 et qui a permis à Marcel Cerdan né à Sidi Bel Abbes de devenir champion du monde des poids moyens en battant Tony Zale…

Nous commentions avec les garçons dans la cour de l'école les prestations de ce compatriote dont nous étions fiers, mais la joie ne dura pas très longtemps puisque le 28 octobre 1949 l'avion dans lequel il voyageait en direction de New York pour rejoindre d'après la « rumeur journalistique » (déjà !) Edith Piaf s'écrasa sur un pic de l'archipel des Açores. La célèbre violoniste Ginette Neveu fit partie des victimes de ce drame qui affecta beaucoup les Français de la métropole et des colonies (à l'époque c'est ainsi que l'on parlait de l'outremer et notamment de l'Algérie). Je me souviens de nos discussions avec Boualem Bousseloub à ce sujet (nous étions dans la classe de Mme Girolami). Ce camarade de classe qui avait 7 frères et sœurs travaille aujourd'hui aux États-Unis… et passe très souvent à Pasadena en Californie… Interpellant mon cher Watson ?

Dans la rue d'Estonie qui était située un peu plus haut en angle par rapport à notre voie, on trouvait côté pair, car la cour de récréation de l'École des filles était située en face, les commerçants.

Il y avait un matelassier réputé (« le divan mobile »), une épicerie fine dont les produits étaient appréciés par mes parents, Ali, marchand de fruits et légumes, le magasin de chocolats Cémoi (marque créée en 1920 à Grenoble), un boucher à la voix portante, M. Delay, un menuisier ébéniste, M. Marie dont l'atelier nous servait de centre d'appels téléphoniques lorsqu'on n'avait pas encore de téléphone filaire dans son appartement.

Et puis en finale de ces commerçants du côté pair, M. Benoit d'origine mixte française et nord-africaine qui était épicier bien sûr, mais aussi dépositaire de colis et qui pouvait commander tel ou tel produit, préfigurant avant l'époque la « vente en ligne »… en quelque sorte.

Les particularités qui distinguaient mon nouveau quartier de vie ?

J'ai indiqué un peu avant que la rue Duc des Cars avait un tracé particulier. Elle permettait en effet dans l'angle net formé dans son tracé d'accéder au fameux « parapet » qui offrait une vue remarquable bien dégagée sur le bâtiment très reconnaissable du Gouvernement Général, le fameux « GG » et la place située devant, inscrite comme étant la place Georges Clémenceau, mais qui était le fameux Forum où se déroulèrent des moments très importants de l'histoire d'Alger et de l'Algérie, mais aussi de la Métropole, la France…

Le stade Leclerc dont il est fait mention dans un certain nombre de mémoires et de souvenirs fut réalisé un peu plus haut que les jardins du Forum le long de l'Avenue de Lattre de Tassigny. À cet égard, je conserve en mémoire les lantanas qui poussaient tout le long des voies et que nous trouvons aujourd'hui chez les vendeurs de plantes pour les jardins privés.

Je viens d'évoquer les noms de deux illustres soldats qui ont permis à la France de redresser la tête pendant le dernier conflit mondial.

C'est à l'issue de la seconde séance publique que le conseil municipal de la Ville d'Alger en décembre 1947 sous la présidence de M. Gazagne proposa de donner le nom du général Leclerc au stade des Tagarins.

Le stade Leclerc a été très apprécié des Algérois qui venaient s'y entraîner ou participer à des matches ou sélections.

Il comportait à son entrée un jardin d'enfants avec des balançoires, toboggans, portique d'escalade et tyrolienne…

Il permettait aussi aux adolescents, garçons et filles de s'y retrouver et de rêver ensemble…

Ce quartier très prisé parce que proche de l'immeuble gérant le pouvoir administratif, autrement dit le GG (gouvernement général) suscita des projets immobiliers importants.

L'un d'eux (immeuble « Le Belvédère ») avait pris la réalité juste en face du Garage Duc des Cars au n° 51 qui bénéficia en raison de cet évènement d'une publicité de presse importante.

Pour reprendre le titre d'un article de presse, une nuit de décembre 1950 alors qu'il pleuvait depuis plusieurs jours, les témoins indiquèrent qu'ils entendirent un grand bruit suivi d'un énorme éclair consécutif à la rupture des conduites de gaz. C'était une portion de la rue qui s'est effondrée. Fort heureusement, l'éboulement n'entraîna pas de dommages corporels, mais il fallut reloger les occupants des immeubles et les pompiers (qui avaient été préparés par les bombardements sur le port dont j'ai parlé plus haut) mirent en place des passerelles constituées de planches pour évacuer les personnes concernées.

Le Maire M. Gazagne qui vint sur place dès le lendemain proposa de reloger les victimes par incidence dans des immeubles à Climat de France et Diar El Mahçoul (la cité de la promesse) qui précédaient dans le temps les cités qui seront réalisées par Fernand Pouillon. L'éloignement de ces cités des lieux de travail ou d'études ou encore d'autres habitudes provoqua des discussions tendues et devant le refus des locataires de devoir se déplacer constamment et pour revenir à leur nouveau domicile provisoire, d'utiliser comme autobus un car peint en noir et marqué « P. F. Municipales » (c'est-à-dire Pompes Funèbres Municipales), car il n'y avait pas d'autre moyen de transport disponible selon les horaires, il fut décidé de les reloger provisoirement dans différents hôtels de la ville…

La rue fut bloquée pendant de nombreux mois et nous en avons profité pour constituer des petites équipes de football et faire des matches qui ne recueillaient pas toujours à une certaine heure l'accord des occupants des immeubles non touchés par ledit effondrement (la sieste comme je l'ai indiqué avant a toujours constitué un moment important de la journée en Algérie).

Mais nous avons gardé de bons souvenirs de cette période. J'étais devenu le capitaine d'une équipe de football « urbaine » et Mohamed Khider qui habitait aussi la Cité DDC (Duc des Cars) avec ses parents et son frère dirigeait l'autre. Il n'était pas et n'avait aucune parenté avec le responsable du FLN qui fut assassiné à Madrid en 1967…

Lorsque la rue fut réouverte à la circulation avec la réalisation du Belvédère, nous avons changé de « terrain » et avons occupé la parcelle située au pied des immeubles se trouvant entre la rue d'Estonie et le boulevard du Télémly en face duquel se trouvait le stade Leclerc…

Je viens d'évoquer le sport. Il y avait au bout de la rue d'Estonie en sous-sol d'un immeuble dont la sortie donnait sur les escaliers menant aux jardins de la Garderie et au Forum une véritable petite salle de pratique du basket et j'y ai eu le plaisir de participer à des entraînements sous le maillot du Red-Star (traduction l'Étoile Rouge…). C'était tout de même remarquable compte tenu de l'époque.

Mais le football a toujours été le sport favori et le plus pratiqué en Algérie.

Les clubs marquaient leur public tout comme c'est le cas dans les Bouches du Rhône et la région Provence. À Alger il y avait le Gallia (GSA) qui était le préféré des habitants de Bab-el-oued, mais aussi le RUA (Racing Universitaire Algérois) où joua Albert Camus (lire un article qu'il a consacré à ce club en 1953 et qui a été champion d'Afrique du Nord en 1934-35) et dont la marraine fut dans les années 30 Joséphine Baker (!), le Red-Star et puis dans les banlieues l'OHD (Olympique d'Hussein-Dey) et le RCMC (Racing Club de Maison Carrée) et de l'autre côté de la baie et dans le prolongement l'ASSE (Association Sportive de Saint-Eugène). Dans les hauteurs de la ville, on trouvait le SCUEB (Sporting-Club Universitaire d'El-Biar) qui élimina le Stade de Reims en 16e de finale de la Coupe de France 1956-57…

Just Fontaine meilleur buteur lors de la Coupe du monde de 1958 avec 13 buts marqués en phase finale et qui nous a quitté récemment et Bernard Rahis ont été des joueurs reconnus…

Il y avait aussi bien sûr les clubs composés de joueurs musulmans comme le MCA (Mouloudia Club d'Alger) que l'on retrouvait également dans certaines villes comme à Blida par exemple le FCB (Football Club de Blida comportant des joueurs de toutes origines) et l'USMB (Union Sportive Musulmane de Blida). Les terrains des stades de football étaient en tuf et non pas en gazon comme de l'autre côté de la méditerranée.

Certains de ces clubs avaient une bonne organisation proposant à leurs membres, supporters et à leurs familles des possibilités de détente sportive au-delà du ballon rond. Le RUA gérait une piscine avec un établissement de restauration dans le port d'Alger et il fallait prendre une navette à moteur avec pilote pour s'y rendre. Cela permettait de se baigner dans une piscine à l'eau de mer ce qui était nouveau et apprécié ou même d'organiser des fêtes familiales dont les mariages ce qui plaisait beaucoup…

Le stade municipal qui se trouvait à Belcourt permettait aux supporters de se retrouver et d'échanger un certain nombre de phrases et d'expressions en pataouète. La « Famille Hernandez » célèbre comédie réalisée par Geneviève Baïlac à Paris dans les années 1950 permit aux métropolitains de découvrir ce langage et ces échanges qui continuent lorsque certains de nos parents et amis du « bled » se laissent aller et s'énervent un peu…. Il fallait comprendre que la vie en commun dans les quartiers habités par des gens simples à Alger ou dans une autre ville ou tout simplement un village d'origine arabe ou berbère (kabyle), juive et européenne (avec des origines diverses comme nous avons pu le vérifier ci-dessus) amenait les interlocuteurs à s'exprimer dans leur langue naturelle et pour leurs interlocuteurs y répondre de façon qu'il n'y ait pas de doute qui entache la discussion qui venait de s'achever. Baraket Ioum ? (C'est fini pour aujourd'hui ?) Grâce à Robert Castel, son épouse Lucette Sahuquet et cette chère Marthe Villalonga (dont nous avons célébré l'anniversaire, mais pas à Fort-de-l'Eau, son village de naissance) les clients du Théâtre Charles de Rochefort et leurs connaissances découvrirent « la langue de chez nous… » et lorsque mon père à l'occasion d'un voyage à Paris m'a proposé de voir cette comédie sur scène j'ai été ravi, car c'était très bien rendu « la purée de nouzôtres »…

Au retour du stade, nous faisions une halte au cinéma le Roxy qui présentait des films intéressants et dont le propriétaire était un ami d'Albert…

Et les études ? Après une année scolaire 1948/1949 où je connus ainsi que mes condisciples l'autorité d'une femme qui n'était pas sans rappeler ma mère Solange ou ma tante Renée, mais qui nous enseigna ce qu'il fallait savoir et nous prépara à évoluer. Il s'agit de Mme Girolami.

L'année 1949/1950 fut pour moi une année moyenne avec M. Lambert comme instituteur.

Avec M. Brunet, directeur de l'École et instituteur du CM2, j'eus le sentiment d'avancer et de me préparer pour la suite ou la poursuite des études.

Dans le même temps, j'allais comme tout bon élève de religion catholique aux leçons de catéchisme dans l'Église Ste Marcienne qui avait été inaugurée en 1931 en face de l'Institut des sourds et muets avec lesquels nous tentions de plaisanter avec des mimiques ou des petits mots…

C'est le chanoine Emile Desbuquois qui était le responsable de cette paroisse et a toujours été un remarquable représentant du Christ…

Lorsque l'archevêque d'Alger Mgr Duval lui demanda de démissionner de ses fonctions en 1958 parce qu'il avait atteint un âge doublement canonique, il y eut beaucoup de protestations de la part des fidèles et le successeur le garda à ses côtés jusqu'à ce qu'il quitte ce monde.

Pour les grandes vacances, je continuais à aller en colonie de vacances avec la même association et c'est ainsi qu'en 1950 je « découvris » la montagne à Estarvielle dans le sud du département des Hautes-Pyrénées. Ce fut un séjour remarquable où l'on découvrit la nature, la faune et aussi les bergers, les occupants des villages et en finale les voisins espagnols.

Nous venions d'effectuer une excursion et la marche finale de l'aller et nous sommes arrivés sur la place d'un petit hameau pour boire de l'eau et prendre un coupe-faim. Probablement Parzàn dans la province de Huesca.

Les Espagnols sont sortis de leurs demeures ou de la taverne, car il y en a toujours une, pour nous regarder avec curiosité.

Nous étions en 1950 et la guerre civile était terminée depuis 1939 selon ce que les moniteurs nous ont indiqué et ces personnes paraissaient nous découvrir…

Il faut dire que l'Espagne franquiste était présentée même en Algérie qui comptait beaucoup de descendants et de migrants d'origine ibérique comme le pays de la « nuit noire ». La participation de l'Espagne aux côtés des Allemands et des Italiens à la seconde guerre mondiale en Russie avec la division « Azul » (bleue) n'avait pas amélioré le relationnel qui était entretenu en Occitanie française par les personnes issues de la Retirada (voir ci-dessous)... Les volontaires de cette unité (dont quelques centaines de Portugais) qui a beaucoup combattu près de Leningrad/Saint-Pétersbourg reprochaient à l'Union soviétique d'avoir largement contribué à la guerre civile qui a ensanglanté le pays...

L'écrivain reconnu Michel del Castillo qui a publié « Le temps de Franco » en 2008 a indiqué qu'il y avait deux personnages en Franco, l'homme privé qui menait une existence « sobre et réglée, ennuyeuse et ennuyée » et le Caudillo dont les apparitions publiques s'entouraient d'un faste solennel représentatif de l'Espagne de la fin de la Reconquista c'est-à-dire la lutte armée qui du début du VIIIe siècle à la fin du XVe a permis aux royaumes chrétiens du nord de reprendre les pouvoirs aux structures musulmanes qui avaient envahi la péninsule ibérique...

Au retour le soir à Estarvielle (situé à une vingtaine de kilomètres) et les jours qui suivirent l'un des moniteurs féru d'histoire nous expliqua que les Pyrénées ont été depuis l'antiquité un lieu de passage puisque les peuples suivants ont été identifiés : Celtes, Carthaginois, Romains, Vandales, Suèves, Wisigoths, Maures, Francs et même Anglais... (voir l'ouvrage des recherches effectuées par Maïté Lafourcade, nom de famille de ma chère belle-mère).

À la fin de la guerre civile d'Espagne, il y eut la « retirada » c'est-à-dire la retraite sous forme de fuite des « républicains » dont beaucoup s'installèrent dans la région et d'autres limitrophes.

Pendant la Seconde Guerre mondiale, il y eut les fuites organisées dont certaines de juifs et de résistants depuis la France, mais aussi de volontaires dont 5 000 d'entre eux qui passèrent en Afrique du Nord depuis l'Espagne furent formés et constituèrent une partie des effectifs de la 2e DB qui sera commandée par le Gal Leclerc.

On découvre ainsi beaucoup de faits dès que l'on se donne la peine de regarder ce qui nous entoure et d'essayer de comprendre.

Parmi les moniteurs, il y avait un kabyle dont le nom Aouès est relativement répandu.

Il m'apprit à escalader à mains nues de petites montées rocheuses et me prodigua des conseils pour tenir compte en toutes circonstances de la météo.

J'ai appris ultérieurement avec regret qu'il avait opté pour la rébellion et qu'il avait été tué avec d'autres membres de la Willaya 3.

Et pendant ce temps que devenait la famille ?

Ma grand-mère Marie avait une vie tranquille puisque se retrouvant seule dans son appartement. Elle allait bien sûr à l'église et au marché ou bien rendait visite à des amis ou connaissances dont j'ai cité déjà quelques noms, mais il y avait près de l'Église Saint-Charles dans le quartier du centre est d'Alger une place où avaient été réalisés des pavillons et maisons individuelles de belle qualité et présentation. Dans l'une d'elles vivaient les demoiselles Tarting filles d'un illustre personnage de la cité algéroise M. Jérôme Tarting né en Métropole et décédé des suites d'une maladie du type cancer. Ingénieur des Arts et Métiers, il avait participé par ses plans et rapports à l'amélioration du port d'Alger.

En les voyant, on ne pouvait pas imaginer qu'elles étaient issues de la communauté « pied-noir » compte tenu de ce qui précède, mais elles n'étaient pas les seules à donner ainsi le change si je peux écrire ainsi.

Mais ma grand-mère n'oubliait pas son petit-fils et elle venait me voir le jeudi (jour de fermeture des écoles à l'époque) et je guettais depuis la fenêtre de la chambre de mes parents, sa montée des escaliers de la cité après que le trolley l'eut déposée à la Pergola placette remarquable de « l'Alger Roi » pour reprendre la qualification donnée par beaucoup d'habitants de ce secteur.

Elle venait aussi les jours de fête et certains dimanches pour aider mes parents à la réalisation des plats accompagnant telle ou telle fête ou anniversaire…

Ma mère était devenue secrétaire de M. Georges Blachette « le roi de l'alfa » président de la Sté générale des Alfas, mais aussi propriétaire de la Sté générale des eaux (qui assurait la distribution de l'eau à Oran) et du quotidien le Journal d'Alger depuis 1949 et enfin consul de Yougoslavie et du Guatemala.

La Sté Générale des Alfas était le nom de l'entreprise dont les bureaux se situaient au dernier étage du 2 boulevard Baudin. Son entreprise était propriétaire de l'immeuble et les étages inférieurs étaient loués.

Elle était en charge des courriers de M. Blachette, mais aussi du contrôle et de l'achat des fournitures et pièces nécessaires au fonctionnement des deux principaux chantiers d'exploitation de l'alfa à Crampel et à Kralfallah dans le Sud oranais. Il était propriétaire de plusieurs centaines de milliers d'hectares de terres consacrées à la production de l'alfa.

Certaines années, les exportations de l'alfa vers la Grande-Bretagne ont représenté jusqu'à 28 % des exportations de l'Algérie…

Il convient de préciser que les parents de Georges Blachette né à Mustapha (lui aussi comme ma grand-mère) en 1900 s'étaient installés en Algérie dans les années qui suivirent la conquête.

Pour que je ne m'ennuie pas (sic) le jeudi Solange ma mère m'emmenait avec elle dans le véhicule commercial conduit par un chauffeur (je me souviens de Messaoud, mais il y en eut un autre d'origine espagnole) passer les commandes correspondantes et échanger avec les personnes concernées des établissements.

Pour la quincaillerie, il n'y avait que le boulevard Baudin à traverser et nous allions chez Quintana rencontrer M. Fernandez.

Un peu plus loin près du carrefour de l'Agha, il y avait la magnifique structure de Bernabé frères, distributeur et importateur de fournitures industrielles où travaillait comme responsable celui qui est devenu notre ami, Georges Biallet.

Les discussions et échanges que ma mère avait avec ces personnes m'ont impressionné et probablement préparé psychologiquement pour l'avenir.

Les évènements et la « guerre d'Algérie » ont eu un impact sur son « patron » et les Sociétés qu'il dirigeait.

Élu député en 1951, il s'est rapproché de Pierre Mendès-France. Ce dernier qui a signé les accords dits de Genève mettant fin à la guerre d'Indochine et accordé l'autonomie à la Tunisie semblait avoir une autre vision pour l'Algérie puisqu'il a annoncé après les évènements de 1954 dans les Aurès « l'Algérie c'est la France »... Mais il considérait que l'indépendance devait être envisagée et préparée.

Le gouvernement de Mendès-France est renversé en 1955 et après un bref passage au gouvernement de Guy Mollet en tant que ministre d'État, Georges Blachette démissionne au bout de quelques mois et sera dans l'expectative.

Pendant ce temps la Sté Générale des Alfas a été nationalisée fin 1956, car elle représente un pourcentage non négligeable des ventes à l'international et ses chantiers ont subi des attentats qui ont amené le gouvernement à prendre des mesures de sauvegarde sans recueillir l'accord du PDG...

À partir de la fin des années 50, ma mère va donc rechercher des emplois complémentaires pour compenser la réduction de son salaire compte tenu de la nationalisation et de ce qui en découle.

Mon père avait quitté après la guerre la Sté de M. Tenoudji (Isly Films) et avait été embauché chez Filmart, Sté créée et gérée par MM. Mizzi et Salama. Cette structure avait son siège rue Charras, voie qui partait de l'Agha et rejoignait la rue Charles Péguy. Elle formait un angle avec le boulevard Baudin. Mon père et ma mère étaient donc rapprochés (aussi...) par leurs lieux de travail.

Les patrons de mon père étaient représentatifs de la distribution cinématographique. M. Mizzi d'origine maltaise s'énervait assez vite tandis que M. Salama de confession juive savait calculer...

Mais ils ont développé l'activité de la sté et mon père qui voyageait beaucoup en Oranie et dans le Constantinois y a contribué. Mais aussi à Paris et je me souviens d'une présentation dans la capitale d'une nouvelle série de films avec comme acteurs Eddie Constantine et Dominique Wilms (la môme vert-de-gris, le grand bluff...).

Mon père m'ayant fait le plaisir de m'amener avec lui, car Filmart allait être le distributeur en Algérie, j'ai été présenté aux acteurs et ai serré les mains. Dominique Wilms (qui est une actrice belge une fois) a crié en me regardant : « Oh ! Vous serrez fort la main ! » Paul Frankeur, un habitué des rôles de « durs » (razzia sur la chnouf) qui était présent également a commenté : « C'est normal, il vient de l'autre côté de la Méditerranée… ».

Mes parents lorsqu'ils montaient à Paris et que je n'étais pas en colonie de vacances m'emmenaient avec eux, car je pouvais voir ma marraine Madeleine Tridard qui vivait rue des Dames non loin de la place Clichy et me gâtait lorsque je venais. Elle m'a appris à connaître Paris c'est-à-dire ses rues, ses monuments et tout ce qui fait que Paris sera toujours Paris…

Elle avait connu mes parents à Alger et son mari étant décédé, était revenue dans la capitale.

Pour revenir à la rue Charras dans laquelle se trouvaient les bureaux où travaillait mon père, il y avait un cinéma (bien sûr me direz-vous) le Vox qui était apprécié par les Algérois et entre autres les étudiants puisque les bâtiments des facultés notamment de droit se trouvaient à proximité.

Je me souviens y avoir vu le film remarquable réalisé par David Lean « Le pont de la rivière Kwaï ». À côté du cinéma, il y avait une brasserie exploitée par M. Louis Martinez avec qui mon père a eu des relations amicales d'autant qu'il habitait rue Serpaggi à proximité de la Cité Duc des Cars. J'ai sympathisé avec le fils et nous avons passé de bons moments pour commenter et critiquer les films qui étaient projetés au Vox… Entourés de senteurs d'anisette, la boisson locale apéritive, mais aussi de poissons grillés (rougets notamment), avec des petites assiettes dans lesquelles se trouvaient des morceaux de soubressade charcuterie pied-noir héritée des Baléares… Albert Camus que mon père a connu puisqu'ils fréquentaient la même école près de la rue Adolphe Blasselle à Belcourt pendant quelques années a écrit que « les odeurs de là-bas ne s'oubliaient pas, car elles rappelaient la jeunesse ».

Alger comme on le constate était une ville agréable où les habitants aimaient se distraire. Le football comme on vient de l'évoquer, mais aussi la scène avec ce qui devint une habitude « le Petit Music-Hall du dimanche » qui se présentait au cinéma « le Paris » rue Tancrède à Alger (perpendiculaire à la rue d'Isly) et dont un grand ascenseur installé au Forum permettait un accès facile et rapide pour les occupants des quartiers du « GG » et du Télémly notamment.

Ce spectacle était animé par Jack Redson et Jacqueline Dory avec une illustration musicale réalisée par Martial Ayella et son orchestre. Des acteurs et chanteurs de qualité comme Bourvil, Georgette Plana y furent reçus et entendus…

Pour les amateurs de musique classique et d'opéras, il y avait le bâtiment réalisé en 1853 à partir du Tantonville square Bresson (où habitait mon ami José Belaïche). C'était l'Opéra d'Alger.

Et la plus belle Salle des arts de la Ville inaugurée après 1930 porta le nom du gouverneur général en activité lors de la période du centenaire et fut connue sous le nom de Salle Pierre Bordes.

J'y ai vu dans les années 50 un spectacle où Jacques Bedos (oncle de Guy) faisait rire la salle en imitant des musiciens qui voulaient démontrer qu'ils étaient meilleurs que leurs collègues dans l'exécution d'un concert classique.

Ce fut le bon temps…

Après la classe de M. Brunet, directeur de l'École de garçons DDC (Duc des Cars), commençaient les études secondaires dans un lycée.

Un choix s'offrait entre le lycée qui comportait des classes préparatoires aux concours d'entrées aux grandes écoles, le lycée Bugeaud et un autre établissement situé à une demi-heure de marche de notre domicile, le lycée Emile-Félix Gautier.

Mes parents ont opté pour m'inscrire à celui-ci dont l'entrée principale se situait rue Hoche juste en face de « Radio Alger » qui devint après 1957 « France V » avec la mise en place d'un émetteur de télévision…

Les élèves ont pu ainsi apercevoir certains personnages devenus célèbres derrière le micro puis l'écran comme Jean-Pierre Elkabbach par exemple…

Il fallait faire un choix comme doivent le faire les parents en ce qui concerne les langues vivantes et mortes qui feraient partie de l'enseignement.

Comme je l'ai écrit plus tôt, l'arabe ne figurait pas dans les langues proposées puisque les programmes des élèves de 6e et au-dessus étaient identiques à ceux de la Métropole.

Concernant les langues mortes, j'ai été d'accord pour « faire du latin » comme on le disait, mais pas du grec (graecum est non legitur… c'est du grec cela ne se lit pas).

Ma mère, je m'en suis rapidement rendu compte, souhaitait que je suive une formation classique avec comme objectif de devenir juriste. M. Pimienta qui était le directeur général de la Sté de M. Blachette en était l'illustration si je puis écrire.

Quid concernant les langues vivantes qui devaient être choisies au nombre de 2 ? Mon père qui n'intervenait pratiquement jamais dans les décisions concernant mon éducation le fit néanmoins en me disant d'un ton résolu : « tu ne parleras pas la langue du boche ». (Outre la guerre, Albert mon père n'oubliait pas que sa famille avait dû quitter l'Alsace après 1871)

J'ai donc opté pour l'anglais d'abord et l'espagnol à partir de la classe de 4e.

Finalement, ce fut un bon choix. Pour l'anglais, c'était évident depuis longtemps et le passage des « tommies » et « sammies » (soldats de l'oncle Sam vous l'aurez compris) en Algérie en 1942 l'avait démontré.

Pour l'espagnol, c'était l'occasion de parler la langue des ancêtres de ma grand-mère paternelle même si elle n'utilisait que des expressions issues du patois valencien.

Mais concrètement la situation financière de mes parents ayant favorablement évolué, ils décidèrent de recruter une domestique qui viendrait tous les jours sauf le dimanche pour faire le ménage, laver et repasser le linge et préparer les repas. Il s'avère que la première personne choisie fut une Espagnole d'origine prénommée Carmen et qui ne parlait pas couramment le français... Ce type de situation n'était pas rare et concernait également des natifs du Portugal ou d'Italie...

Je traduisais donc à Carmen les « instructions » de mes parents et elle me faisait part de ses demandes ou remarques que je traduisais dans l'autre sens.

C'est du concret en pareil cas et on avance assez vite dans la pratique d'une langue dite étrangère. J'ai donc pu dire ou écrire à partir de cette période : « Tengo un cuarto de sangre espanola »... (J'ai un quart de sang espagnol.)

Aujourd'hui, je suis heureux et fier d'avoir ainsi découvert et apprécié la langue bien sûr, mais aussi l'histoire de mon second pays.

Je me souviens bien entendu de la classe de 6e avec comme professeur principal, M. Cesari, que l'on voit sur certaines photos des sites d'anciens élèves ou de pieds-noirs disséminés en France et sur la planète.

En 5e, c'est M. Romieu qui prit la suite. Il a été un professeur de latin français assez remarquable.

En revanche, la 4e et la 3e ne m'ont pas laissé de souvenirs particuliers si ce n'est le professeur d'anglais M. Helsmoortel (un cht'i exporté) qui fut un enseignant très apprécié.

En espagnol, j'eus comme professeur M. La Fuente (La Fontaine, cela ne s'invente pas...).

Mais aussi un professeur de dessin M. Burel qui était un véritable artiste.

En seconde, M. Charles-Robert Ageron fut le professeur d'histoire. Agrégé d'histoire en 1947, il enseigna cette matière pendant 10 ans au lycée Gautier puis au lycée Lakanal à partir de 1957 (voir plus loin).

Ma mère soucieuse de mon avenir, mais aussi atteinte d'une maladie coronarienne qui entraîna son déplacement à Paris pour y subir une intervention chirurgicale, car les chirurgiens et les hôpitaux d'Alger ne pouvaient pas encore l'effectuer envisagea de me faire changer de lycée et devenir lycéen interne en métropole.

Car les évènements sur place allaient en s'aggravant.

Le 20 août 1955 à Philippeville et dans un certain nombre de petites villes et localités des groupes d'hommes porteurs d'armes blanches et à feu attaquent les quartiers européens avec entre autres le massacre de femmes et d'enfants à Hel Halia à une quinzaine de kilomètres de Philippeville.

Selon les pointages effectués postérieurement, plus de 130 Européens ont ainsi été tués ainsi que 47 membres des forces de l'ordre et des musulmans francophiles...

La répression fut très sévère, mais le but recherché par les indépendantistes fut atteint, car il permit de récupérer de nouveaux partisans et combattants pour lutter contre la France et son armée, car leurs responsables s'étaient aperçus que la volonté de combattre des hommes dits fellaghas allait en se réduisant en dehors des massifs montagneux.

Rien ne vaut, hélas, en pareil cas des exécutions et des morts pour rameuter des partisans.

Survint ensuite le 6 février 1956 à Alger.

Le jeudi 2, ce sont environ 80 000 personnes qui accompagnèrent Jacques Soustelle, gouverneur général de l'Algérie qui terminait son mandat d'un an, sur le port jusqu'au bateau qui le ramenait en Métropole. Guy Mollet nouveau président du Conseil entendait que le général Catroux soit le ministre résident. Comme celui-ci avait participé selon les informations diffusées par la presse locale au retour de Mohammed V à Rabat en novembre 1955, ce qui avait entraîné une certaine « capitulation » d'une part et que Pierre Mendès-France qui avait signé les accords de Genève mettant fin à la guerre d'Indochine et à la souveraineté française était ministre d'État dans ce gouvernement d'autre part, les tenants de l'Algérie française entendaient réserver à Guy Mollet l'accueil marquant leur désaccord avec une politique menant selon eux à « l'abandon »...

Le cortège officiel, bien que précédé depuis deux jours par Max Lejeune, secrétaire d'État aux forces armées qui avait prévenu l'occupant de l'Hôtel Matignon de la colère des Algérois, pénétra dans une ville morte, car les commerçants avaient, pour la très grande majorité d'entre eux, fermé leurs boutiques et magasins sur les rideaux desquels on pouvait lire « Fermé pour cause de deuil »…

Il était prévu, ce qui était tout à fait normal compte tenu du contexte et de la participation des habitants des départements d'Algérie à la Seconde Guerre mondiale (ce qui malheureusement est passé sous silence par beaucoup de journalistes et non des moindres) que le président dépose une gerbe au monument aux morts situé au bas des escaliers jardins que l'on suivait depuis le forum pour descendre jusqu'à la Grande Poste. Ce monument commandé par la Ville d'Alger en 1922 a été érigé en 1928. Il a été réalisé par le sculpteur Paul Landowski qui fut qualifié par la ville de Rio de Janeiro pour créer le Christ Rédempteur du Corcovado qui domine la baie de Rio de Janeiro depuis 1931…

Les 20 000 personnes qui l'attendaient ainsi que celles se trouvant sur les balcons des immeubles donnant sur le monument l'apostrophèrent lorsqu'il descendit de la Delahaye qui était le véhicule officiel pour la circonstance. Des légumes et des tomates mûres furent jetés sur le cortège et certains parvinrent jusqu'aux pieds du président du Conseil qui se maîtrisa comprenant qu'il était préférable de ne pas susciter davantage d'excitation.

La minute de silence ne dura qu'une vingtaine de secondes selon les témoins « auditeurs » et tout l'aréopage ministériel regagna l'intérieur des véhicules.

Il retourna au Palais d'Été, bâtiment officiel de réception des dirigeants nationaux sis dans les hauteurs de la ville et un début de manifestation commença sur place. Guy Mollet a alors appelé le président de la République René Coty pour lui faire un compte rendu par voie téléphonique.

À 17 h, la démission du général Catroux est annoncée et Alger est en liesse comme on s'en doute… C'est Robert Lacoste qui fut désigné en remplacement.

Je me trouvais près du monument aux morts pendant ces évènements… et lorsque je pense qu'à sa place les dirigeants de l'Algérie après juillet 1962 ont coulé du béton des larmes me viennent aux yeux…

***

Les grandes vacances de 1956 furent néanmoins pour moi de vraies vacances.

Je partis d'abord en Alsace avec ma mère pour découvrir la province d'origine des Franck et aussi de sa famille Pellerin puisqu'elle naquit à Danjoutin Territoire de Belfort.

La pratique des langues que j'ai évoquée plutôt n'avait pas marqué les Alsaciens puisque pour demander des précisions sur une correspondance du train allant jusqu'à la gare de Merkwiller-Pechelbronn il fallut solliciter le sous-chef de gare de la célèbre gare de Strasbourg pour qu'il parle en français à ma mère…

Après 2 semaines passées dans cette région où l'on extrayait encore un peu de pétrole et la découverte d'Haguenau et de sa forêt, nous repartîmes à Paris où j'étais attendu par un groupe qui partait en Angleterre à Bournemouth (petite ville du sud près du port de Poole). Chacun de nous se rendait dans une famille pour y être accueilli, parler anglais et y vivre avec les autres enfants de ladite famille pendant plus de deux semaines. Ce fut une remarquable expérience, car M. Ives mon hôte était d'origine écossaise et son épouse anglaise. Ils avaient deux enfants, un garçon plus âgé que moi et une fillette plus jeune.

Quand je leur ai indiqué en me présentant que je venais d'Algérie où se produisaient les évènements que l'on sait, Mme IVES m'indiqua que son frère se trouvait au Kenya dans les troupes de Sa Majesté pour combattre la révolte des Mau-Mau…

J'ai beaucoup appris à leur contact et après le dîner nous regardions les programmes de télévision. Et un soir alors qu'un acteur s'exprimait dans une réplique en français M. Ives me dit : « Vous parlez très vite, vous les Français… »

J'ai indiqué que j'appréciais beaucoup à l'époque l'aéronautique et que le meeting aérien annuel de Farnborough devait être un grand moment. Mes hôtes ont compris le message et m'ont amené pour assister à cette présentation, ce qui représentait un parcours aller-retour de plus de 340 km. Je leur ai remis quelques billets de banque pour ma participation et ce fut un grand moment avec notamment la présentation au décollage et en vol du bombardier anglais Avro « vulcan ».

Bournemouth avait de très beaux parcs très bien entretenus dans lesquels il était agréable de se promener. C'est ainsi que je fis la connaissance d'une jeune fille qui était d'origine irlandaise puisqu'elle répondait au prénom de Maureen et au nom de Murray… J'appris ainsi à comprendre les différences existant entre les deux pays et leurs populations que le film « l'homme tranquille » (réalisé par John Ford avec John Wayne et Maureen O'Hara) me confirma.

Il y avait aussi dans les parcs à la tombée du jour les « Teddy Boys » qui étaient considérés comme les « enfants du rock » et pouvaient être assez violents…

Des Français qui étaient également hébergés chez des Anglais dans des conditions analogues à celles que j'ai indiquées avant me parlèrent des groupes de rock'n'roll dans le prolongement d'Elvis Presley, Bill Haley, Chuck Berry, les Shadows et les autres…

Ce fut un séjour très agréable et qui me permit outre mes progrès dans la pratique de la langue de Shakespeare de mieux comprendre les Britanniques. La reine Elisabeth II était leur souveraine depuis 3 ans…

Ma mère qui avait mis à profit sa convalescence lorsqu'elle était venue à Paris dans une pension de famille située près de l'Église d'Alésia avait recherché un établissement où je pourrais poursuivre mes études et trouva avec mon père le lycée Lakanal à Sceaux qui était un établissement d'études secondaires, mais aussi de préparation aux concours des grandes écoles.

J'ai donc quitté le Royaume-Uni au terme de mon séjour pour rejoindre Le Havre en appréciant les vagues puis retourner à Paris en train. Mon entrée au lycée Lakanal s'est effectuée en septembre 1956.

Outre les élèves qui souhaitaient préparer les concours d'entrée aux grandes Écoles, avec la nationalisation du canal de Suez réalisée par Nasser en 1956, le lycée Lakanal accueillit un certain nombre d'élèves dont les parents avaient dû quitter l'Égypte. L'Établissement était un internat de qualité.

Je fis ainsi la connaissance de garçons intéressants avec lesquels j'avais des échanges instructifs en raison de mon département d'origine et des problèmes que nous connaissions.

J'ai pu pratiquer régulièrement du sport et de l'athlétisme et avais comme compagnons dans la chambrée de 36 lits où j'étais affecté, Daniel Angla fils d'un policier de la BAC (Brigade anticriminelle) dont la mère venait de décéder, le fils cadet du général Jacques Faure qui venait d'être envoyé en Algérie pour commander la 27e DIA (Division d'Infanterie Alpine), unité qui a combattu notamment en Kabylie.

Je n'ai pas connu le policier Angla, mais en revanche, lors d'une sortie autorisée un jeudi AM, je me suis rendu avec les deux garçons Faure à leur domicile dans le 16e arrondissement où j'ai fait la connaissance de Mme leur mère…

Il s'avère qu'elle n'a pas apprécié la façon dont j'étais vêtu…

En pratiquant le football sur le terrain du parc attenant aux salles de classe et aux dortoirs, j'ai utilisé le maillot rayé bleu et blanc du RUA (Racing Universitaire d'Alger) qui était inspiré de celui du Racing Club de Paris qui me valut d'être retenu pour quelques matches. Il en est bien souvent ainsi n'est-ce pas ?

L'ambiance dans cet internat était agréable, mais il fallait être attentif, car les surveillants ou les maîtres en charge des études (entre 17 h et le dîner) tenaient un registre qui pouvait se transformer en livre de « colles ». D'autant que le maître dormait avec nous dans la chambrée.

L'un de ceux-ci avait été surnommé « Ramsès » en raison de son crâne plutôt dégarni

Comme nous aimions plaisanter ce qui était normal à notre âge nous inventions des communiqués ou histoires qui faisaient rire tout le monde sauf bien entendu le concerné. À l'occasion d'une annonce de grève des transports publics en 1956, l'un de nous rédigea une affichette qu'il commença à répandre dans d'autres salles d'études « Attention grève du métro annoncée pour demain (avec la date). À 6 h, les rames cessent… ! »

Le maître concerné qui n'ignorait pas que le surnom du pharaon lui avait été affecté joua le jeu pour connaître le « scribe » qui avait rédigé cette annonce et lui infligea 2 blocages de sortie de fin de semaine… (autrement dit des « colles »).

Le matin après un passage en étude à 7 h 30, nous nous rendions au réfectoire pour prendre notre petit déjeuner. Comme nous étions 8 par table, nous nous répartissions les rôles et les jours d'emploi du temps pour affecter à nos copains et à nous-mêmes les pains frais et autres éventuelles viennoiseries du matin.

Mais il ne fallait pas traîner dans les couloirs et ne pas hésiter à accélérer pour ne pas être dépassé par un autre « convive » d'une autre table.

C'est ainsi qu'un élève bouscula un des surveillants généraux qui était de taille moyenne plutôt petite. Ce dernier dit à l'élève « Vous ne pouvez pas faire attention en courant pour aller au petit déjeuner ? ». Notre condisciple lui répondit : « Je regarde à hauteur d'homme ! ».

Sa famille fut convoquée et le lundi suivant il ne faisait plus partie des élèves du lycée…

Mais l'actualité internationale était toujours très présente. Du 23 octobre au 10 novembre 1956 se déroula, ce qui était appelé l'insurrection de Budapest ou « la révolution hongroise de 1956 ». Cette révolte commença par une manifestation étudiante qui amena la redoutable AVH, la police politique du régime communiste hongrois à ouvrir le feu. Les émeutes qui éclatèrent à Budapest et ailleurs dans toute la Hongrie donnèrent l'impression à la fin du mois d'octobre d'avoir amené une modification de la gestion du pays avec la mise en place d'un nouveau gouvernement, la dissolution de l'AVH, l'annonce du retrait du pays du Pacte de Varsovie et la préparation d'élections libres… Mais le 4 novembre, une importante force armée blindée soviétique envahit Budapest et les autres régions du pays où la révolution semblait avoir triomphé…

La répression fut, comme on s'en doute, très dure, et beaucoup de Hongrois fuirent leur pays. On évalue à 200 000 leur nombre, qui trouva des régions et centres d'accueil en Autriche bien sûr, mais aussi en Suisse et dans les autres pays qui commençaient à constituer l'Europe…

Dans notre lycée, nous nous tenions informés dans la mesure du possible grâce aux externes qui nous amenaient les quotidiens qu'ils lisaient, mais aussi aux maîtres qui comprenaient nos interrogations.

Il s'avère que le fils de Maurice Thorez, Pierre était élève d'une classe de seconde et compte tenu de l'attitude du PCF et de ce dirigeant dans le déroulement du drame hongrois, certains avaient décidé de faire payer au fils l'attitude critiquable du père.

Alors que nous préparions une épreuve écrite du baccalauréat, un professeur de seconde est entré brusquement dans notre classe de 1re et a demandé à son collègue s'il était d'accord pour protéger Pierre Thorez des menaces émanant d'autres élèves…

Ce genre d'incident est très révélateur de ce qui s'est souvent produit dans notre pays où on fait payer si je peux écrire cela à des personnes les conséquences des fautes commises par des membres de leurs familles…

Les professeurs se sont regroupés et ont demandé au censeur responsable de cette partie du lycée d'intervenir, ce qu'il a fait…

On peut imaginer ce qui s'est produit pendant l'occupation de la France et à la Libération…

Aux vacances de Noël et de Pâques, mes parents prirent les billets d'avion pour me permettre de venir les voir ainsi que les membres de la famille. C'est ainsi que je découvris le Breguet « Deux ponts » qui fut jusqu'en 1972 un remarquable avion de transport.

Pour les vacances de Pâques, je constatais que les réservistes français d'Algérie avaient été rappelés pour constituer des Unités Territoriales qui furent affectées entre autres à la surveillance des moyens de transport. La bataille d'Alger a accentué leur présence et celle des Français de souche nord-africaine qui à partir de la mise en œuvre des décrets de 1955 constituaient des GAD (Groupes d'Auto-Défense). Il y eut même une unité territoriale blindée l'UTB 199…

Ces réservistes devaient avoir un QG ou un local en faisant office. Quand ils étaient de garde, mais non-surveillants des trams, trolleys ou bus, les territoriaux se retrouvaient pour jouer aux cartes derrière un verre d'anisette Gras, Liminana, Phénix ou autre.

Compte tenu de l'activité de mon père dans la distribution cinématographique j'avais récupéré des affiches de films qui apportaient un plus à ces lieux et je regrette d'y avoir laissé certains documents et autres présentations qui avaient une valeur sinon commerciale au moins historique. Notamment, j'avais pu récupérer des affiches de westerns et d'autres avec Audrey Hepburn ou Brigitte Bardot…

Je poursuivais mes études en 1re au lycée Lakanal avec la préparation de la première partie du baccalauréat. J'ai découvert les jours de sortie (le jeudi et la fin de semaine) des quartiers de Paris et surtout les grands boulevards et notamment le « Boul'mich » c'est-à-dire le boulevard Saint-Michel où se trouvait ma librairie préférée Gibert Jeune. Lorsque je regarde certaines étagères de la bibliothèque se trouvant dans ma pièce de travail actuelle j'y aperçois des romans ou autres ouvrages que j'y ai achetés.

Nous allions aussi avec des copains à Saint-Germain-des-Prés et passions devant les établissements célèbres comme le Café de Flore, les Deux Magots ou de l'autre côté du boulevard la brasserie Lipp.

C'étaient de hauts lieux de rencontres de compositeurs, musiciens (pianistes et trompettistes), mais aussi de chanteurs et chanteuses comme Juliette Gréco qui a marqué des générations.

On ressentait que leur statut de lieux historiques où se sont croisées et ont même quelquefois ri ensemble des célébrités du monde philosophique, littéraire, musical et artistique provenait d'un « bouillonnement culturel » (je reprends l'expression d'un journaliste) qui n'est pas né avec la Seconde Guerre mondiale, mais remonte plus haut dans le temps.

La date de naissance de ma grand-mère paternelle Marie, 1884 sert curieusement de référentiel puisque la brasserie Lipp accueille depuis 1880 des gens de lettres, mais aussi bien sûr les Deux Magots en 1884 et le Café de Flore aurait ouvert entre 1885 et 1887.

Il s'avère à la suite de recherches que nous (les copains d'internat) avons effectuées que ce quartier et lesdits établissements ont vu s'asseoir, commander une boisson ou simplement dessiner ou écrire, des personnages de notre culture comme Balzac, Sand, Manet, Delacroix ou Ingres. Mais aussi plus tard Guillaume Apollinaire, André Breton, Louis Aragon et bien sûr Simone de Beauvoir et Jean-Paul Sartre.

On peut comprendre le sourire de Juliette Gréco lorsqu'elle accueillait Duke Ellington quelques années plus tard…

Les journées des examens pour leur partie écrite se déroulèrent en juin 1957. On éprouve toujours en pareil cas des sentiments de réussite ou d'interrogation et de doute d'autant que nous ne pouvions pas trop échanger avec les autres candidats si ce n'est lorsqu'il s'agit d'une épreuve avec un résultat final.

Ce fut la responsable de la pension de famille donnant sur l'avenue du Général Leclerc à Alésia qui m'appela, car mes parents lui avaient remis une autorisation écrite pour la réception des courriers les concernant ou ayant trait à ma scolarité « ce n'est pas brillant Camille, car vous avez une note faible en français et vous ne pourrez pas vous représenter en septembre prochain… ».

J'avais donc été noté pour la dissertation en dessous du niveau requis.

Il m'appartenait d'en informer mes parents et comme les téléphones portables n'existaient pas, c'est par courrier que je leur ai fait part de ce qui précède.

Je n'ai pas conservé le document bien sûr, mais ma mère m'a dit que j'avais été dur avec moi-même. C'est toujours facile après de s'analyser et pourtant j'avais travaillé et révisé.

Mes parents s'occupèrent à distance des formalités de départ de l'internat de Sceaux et je pris le chemin du retour quelques jours après le 14 juillet puisque je me souviens avoir assisté au défilé militaire sur les Champs-Élysées en compagnie d'un copain du lycée Lakanal.

Mon retour au domicile familial s'est déroulé comme on peut l'imaginer, mais avec des conséquences beaucoup moins dures.

Je me suis tout d'abord inscrit en compagnie de l'un des parents au lycée Gautier que j'allais retrouver et j'ai pratiqué du sport notamment de la natation en me rendant régulièrement à la piscine du RUA sur le port ce qui me permettait de nager et aussi de bénéficier d'une magnifique vue de la baie d'Alger et aussi de lire.

Et puis il fallait que je m'occupe en tant que « grand frère » d'un chien de race berger allemand nommé « Douky ». Mes parents et moi aussi apprécions les animaux, mais essentiellement des chats ou chattes qui les ont accompagnés si je puis écrire pendant des années et que je dorlotais lorsque j'étais sur place.

Mounette, la dernière féline à 4 pattes étant morte, mes parents avaient opté pour un remplacement par un chien. Il fallait bien sûr le dresser et j'ai donc été désigné pour cela. Il y avait près d'un parc ouvert aux enfants situé au bas du plateau des Glières près du port d'Alger sur une petite hauteur un centre d'entraînement canin où je me rendais une fois par semaine avec Douky. C'était un militaire qui lui-même dressait des chiens de combat et autres qui officiait (si je puis écrire).

Pour un garçon de 17 ans, c'était intéressant et instructif et le suivi nécessaire de ces séances me préparait en quelque sorte à mon rôle ultérieur de père.

Bien évidemment ce dernier ne va pas dire à son fils « Attaque ! » avant de le bloquer une fois l'action engagée…

Je formais également Douky au football en le promenant dans les jardins de la garderie que j'ai évoqués plus haut. Cette garderie située près du Forum avait été réceptionnée le 1er septembre 1950 avec des jeux et aménagements que l'on retrouvera en plus grand au stade Leclerc que j'ai précédemment évoqué.

Dans la petite pente qui communiquait entre la rue d'Estonie et l'esplanade sise au-dessus du bâtiment de la Garderie et qui était verdoyante toute l'année j'envoyais la balle caoutchoutée spécifique qui pouvait résister à la denture canine et Douky se couchait dans les hauteurs de la pente et laissait la pelote venir jusqu'à moi. Ensuite, soit je faisais quelques dribbles avec lui soit je tirais un coup franc qu'il était censé arrêter avec sa mâchoire bien sûr…

Les passants qui empruntaient la pergola et se dirigeaient vers le forum ou le centre-ville étaient surpris de constater cette participation du chien qui était je le rappelle de la race des bergers allemands à un jeu qui s'apparentait à un sport qui était l'un des préférés des algérois.

J'avais droit à des sourires de compréhension…

Et la suite des vacances et les plages ? C'était en fin de semaine bien sûr que nous nous rendions avec mes parents à la piscine du RUA ou bien en profitant de tel ou tel véhicule de leurs amis nous allions nous baigner à la Madrague près de Guyotville qui fut un peu notre « Saint-Tropez ». Il y avait aussi la Pointe Pescade ou La Pérouse.

Et même des petites localités à l'extérieur d'Alger comme Saint-Eugène qui avaient aménagé des plages à proximité de leurs ports de pêche plaisance…

Il fallait bien entendu être attentif aux personnes fréquentant les espaces balnéaires compte tenu des évènements, mais lorsqu'on va se baigner on le fait en maillot et on ne peut pas se permettre de porter un fusil d'assaut à la place d'un « fusil harpon ». D'autant que selon les localités des militaires en opération ou près de leurs casernes pouvaient être autorisés à prendre un bain.

Pour permettre aux enfants des quartiers d'Alger qui n'avaient pas de piscine ou qui ne pouvaient pas se rendre à la mer, le Centre Frédéric Lung du nom du mécène que sa veuve légua à la Croix Rouge au Clos Salembier (voir plus haut) fut aménagé en Centre de vacances et nous pouvions nous y rendre en prenant le trolley à la Grande Poste.

Ce centre fut inauguré en mai 1950 par Marcel-Edmond Naegelen gouverneur général (encore un Alsacien…) et l'une des chansons de marche enregistrées disait :

« Nous qui avons la chance
De quitter nos quartiers
Pour passer nos vacances
Au beau Clos Salembier… »

Nous nagions (sous contrôle des performances), marchions et jouions en équipe au football ou au basket.

Nous étions répartis en groupes d'une dizaine de jeunes et nos moniteurs étaient des élèves de l'École Normale Supérieure d'Enseignement. Je me souviens de Djambala Khier qui fut un maître très sympathique.

En plein été algérois (>40°), notre petit groupe portait le nom de Roald Amundsen marin et explorateur norvégien qui a découvert le pôle Sud…

La devise d'appel de notre groupe : « Amundsen ? Toujours plus loin… »

Un institut de formation horlogère fut créé dans le Centre en 1953 et la première horloge à quartz fabriquée en Algérie y fut réalisée en 1957.

L'année suivante nous savions qu'une école d'infirmières et d'assistantes sociales y fonctionnerait.

***

Et ce fut la rentrée de septembre au lycée Gautier et j'eus la chance dans la classe de 1re où j'étais inscrit d'avoir comme professeur principal Jean Bogliolo natif de Maison-Carrée. Ce professeur de lettres fut incontestablement un homme hors du commun.

Élève au lycée Bugeaud après avoir passé les concours nécessaires, il eut comme professeur de philosophie Jean Grenier et comme condisciple Albert Camus. C'était déjà tout un programme…

Mobilisé en 1939 (il avait 24 ans) comme aspirant pilote dans l'Armée de l'Air, il rejoignit Londres après juillet 1940 et fut affecté dans les Forces françaises libres dans la défense antiaérienne puis dans un groupe de bombardiers…

Après 1945 son engagement syndical fut important au sein de la CGT puisqu'il considérait que l'unité de la France et celle de la CGT relevaient d'une même nécessité.

Mais les évènements de Hongrie et l'intervention soviétique à Budapest en 1956 l'amenèrent à prendre ses distances vis-à-vis du syndicat et à le faire savoir.

Les élèves étaient au courant de sa prise de position à l'encontre des Russes et le citaient même en référence…

L'année scolaire 1957/58 fut une année particulière comme on s'en doute.

En dehors d'activités physiques, j'avais découvert grâce aux disques la musique classique et aussi celle du rock et j'avais de quoi égayer mes soirées.

Par ailleurs, mes parents avaient trouvé dans un immeuble construit récemment sous un pont routier du boulevard du Télémly, artère connue de la ville d'Alger, un appartement de type F4 dans lequel je pouvais avoir une chambre et donc un bureau autonome. Cet immeuble dépendait de la rue Burdeau qui menait jusqu'à la Robertsau (petit quartier du Télémly créé par des Alsaciens qui regrettaient d'avoir dû quitter Strasbourg…).

Lorsqu'on travaille un peu tard le soir ou même la nuit, il convient de ne pas gêner les autres occupants ou d'être dérangé par eux…

L'occupation de cette pièce me permettait d'avoir aussi les livres et documents nécessaires au parcours lycéen et universitaire, mais également aux ouvrages et romans dont on apprécie les auteurs bien sûr, mais aussi les thèmes et faits évoqués. Ayant toujours apprécié l'histoire (je serais tenté de mettre un « h » majuscule) c'était l'occasion d'avoir à portée de la main tel livre ou telle nouvelle susceptible d'appuyer les faits que l'on voulait établir.

À cette époque en l'absence de l'intelligence artificielle et des ordinateurs y relatifs c'était un apport nécessaire qui ne dispensait pas et notamment lorsque l'on poursuivait des études universitaires de se rendre à la bibliothèque de l'Université pour y consulter tel ou tel document, mais aussi pour y rencontrer d'autres étudiants ou des professeurs lorsqu'il s'agissait de la rédaction d'un mémoire et a fortiori d'une thèse…

Je l'écris comme je l'ai toujours pensé, nous natifs d'Algérie avons pour la majorité d'entre nous avons eu à cœur de démontrer que nous avions des capacités autres que celles de ceux que l'on appelait (et dont on continue à le faire) « les colons ».

Dans une LR adressée à la Sté Canal Plus le 28 janvier 2006 à la suite de la diffusion d'un épisode « Chez Maman » concernant les crétins où il avait été annoncé que l'on (les pouvoirs publics possédant le pouvoir de décision) avait envoyé les plus crétins pour coloniser l'Algérie, j'ai tenu à rappeler tout en reconnaissant à la satire le rôle qui lui est assigné que la globalisation de l'affirmation constituait dans une certaine mesure un cas de racisme et d'intolérance.

J'ai rappelé la définition du qualificatif « crétin » donnée par le Littré en ne faisant pas appel au Robert, car ce dictionnaire a été créé par un crétin « pied-noir » et je me suis permis de rappeler que le peuplement de l'Algérie s'est effectué en plusieurs vagues. Après les vétérans de l'Armée commandée par le maréchal Bugeaud, ce furent certains des révolutionnaires de 1848 qui ont été envoyés en Algérie et force est de devoir constater qu'ils n'étaient pas parmi les plus crétins…

Et j'ai tenu à rappeler les noms de celles et ceux qui illustrent ce qui précède :

— Dans le domaine des Arts Cauvy, Marquet, Paul-Elie Dubois, Fernez, Galliero, Arlette Duchemin, René-Jean Clot, Brouty… sans oublier Yves Saint-Laurent.

— Dans le domaine de la sculpture Greck, Paul Belmondo (le père de l'acteur né lui aussi dans le quartier de Mustapha)…

— Dans le domaine de l'architecture, Claro, Guion, Miquel.

— Et bien sûr dans le domaine des lettres Albert Camus, Emmanuel Robles, Elissa Raïs, Maximilienne Heller, Sada Levi, Laurent Ropa, Paul Achard, mais aussi Robert Randau, Albert Truphemus, Jean Pomier et beaucoup d'autres dont Edmond Brua, créateur de « La Parodie du Cid ».

Le service de Canal Plus me répondit, mais en jouant sur les dialogues et sur la notion de satire…

Et le cœur et les pulsions juvéniles pendant ce temps alors ?

Lorsque les mamans partaient en vacances souvent dans une station thermale en métropole, les maris qui étaient astreints, ce qui est normal à leurs obligations ménagères, sortaient leurs chiens lorsqu'ils étaient propriétaires de l'un d'eux pour se délasser et rencontrer d'autres voisins ou connaissances.

Avec l'instauration du couvre-feu après les massacres survenus dans le constantinois et la création des unités territoriales en 1955, les habitants d'un quartier prirent l'habitude de se retrouver « après le service » dans les bars ou cafés pour dîner et boire. C'est à l'occasion d'un apéritif un « apéro » pour reprendre le nom consacré que mon père fit la connaissance d'Etienne Galant propriétaire d'un caniche royal de grande taille dénommée Dolly.

L'autre personne qui s'occupait d'elle également était une jeune fille élégante, jolie et active que j'avais remarquée en passant dans la rue d'Estonie et notamment lorsque j'allais jouer au foot avec mes copains. Cette personne était Danielle Galant et je dois avouer que j'ai été marqué par cette rencontre.

Elle était souvent assise ou se tenait aux fameuses barres de cette rue avec une personne que l'on voyait fréquemment avec elle, Michèle Maigrot qui demeurait aussi à proximité.

Il y avait aussi, bien sûr, la Cour des soupirants de Danielle et Michèle les « garçons de la rue d'Estonie » comme je les dénommais avec mes copains de la rue DDC située juste en dessous….

Étant donné que nos parents se connaissaient, je pensais avoir un peu plus de chance que d'autres pour emmener Danielle au cinéma assister à la projection d'un film et pour passer un moment avec elle.

Mais elle n'était pas de la catégorie des personnes avec lesquelles on peut rapidement convenir d'un rendez-vous. Je m'en suis rapidement rendu compte puisque je lui avais proposé de nous rencontrer pendant la fin de semaine de la Toussaint compte tenu des jours de congés scolaires et autres.

J'ai pensé qu'elle était d'accord et je l'ai attendue en vain un après-midi ce qui m'a donné l'occasion d'écouter les œuvres de Johan Strauss fils plusieurs fois de suite…

Les parents qui n'avaient pas tort ont considéré qu'il était préférable de se voir en groupe et nous avons donc associé Michèle et Jean Gerbi, ce dernier habitant également avec ses parents dans un immeuble de la rue d'Estonie.

C'est ainsi que nous avons écouté Elvis Presley et découvert les Platters ce qui n'était pas inintéressant (*Only you* d'accord ?).

J'ai pu ainsi connaître Mme Yvette Galant, une femme remarquable qui dans les années 50 dirigeait de fait la filiale de la Sté Sotradies à Alger qui proposait notamment du matériel roulant destiné aux chantiers, car son patron lui faisait entièrement confiance et avait d'autres obligations à assumer…

Avec ma mère elles furent l'image des femmes actives et responsables, ce qui était loin d'être le cas pour beaucoup d'entre elles à cette époque.

M. Etienne Galant était quant à lui déclarant en douanes et travaillait pour la Sté MORY. Il était par conséquent largement connu sur le port d'Alger.

Danielle avait une sœur plus jeune, Geneviève. L'appartement dans lequel ils vivaient au 1er étage du 5 de la rue d'Estonie offrait par ses fenêtres et balcons des ouvertures sur la rue d'Estonie ou le début des escaliers de la rue Lacanaud.

« La fin d'année 1957 et le début de celle qui suit sont d'autant plus des périodes de souvenirs marqués par l'évolution de l'Algérie et de la France.

Danielle et moi étions (enfin) “tombés amoureux” l'un de l'autre, mais je me devais après mon échec antérieur au baccalauréat d'assumer cette année scolaire et je devais par conséquent “rendre des comptes” régulièrement à Solange ma mère en ce qui concerne mon travail de préparation de l'examen.

Je négociais la compensation de sorties de fin de semaine avec Danielle pour nous rendre à la mer sous le contrôle d'Etienne son papa qui nous y conduisait avec des horaires nocturnes de travail et de révision pour respecter mes engagements.

Au retour de ces baignades à La Pérouse, Saint-Eugène, la Madrague bien sûr, nous déjeunions chez Danielle et j'ai ainsi pu constater que sa mère Yvette savait diriger une petite entreprise, mais aussi cuisiner. Il faut dire que son père Emile qui venait de partir pour l'au-delà appréciait l'art de la table… Il se créait ainsi des habitudes qui ressemblaient pour moi à celles que l'on pratiquait auparavant pour “faire la cour”. On a beaucoup dit et écrit sur les coutumes et les usages en vigueur chez les Français d'Algérie de souche européenne, et je considère que notre fréquentation quotidienne des musulmans et aussi des personnes de confession juive avait conduit notre communauté à respecter un certain nombre de principes et il faut rappeler que les élèves des écoles et autres lycées d'enseignement les appréciaient, car les fêtes musulmanes l'Aïd El Fitr (fin du jeûne du ramadan), l'Aïd-el-Kébir (la grande fête), l'Hégire (jour de l'an), l'Achoura (fête du 10e jour et jour de jeûne) donnaient lieu à des jours de congés officiels qui se rajoutaient aux jours fériés habituels.

Ce qui précède me renforce dans la conviction que l'Algérie si elle était constituée de départements identiques par leur organisation à ceux de la métropole n'était pas identique à la France. Nous sommes quelques-uns à avoir regretté historiquement la chute du Second Empire, car le projet de Napoléon III de faire de l'Algérie "un royaume arabe, une colonie européenne, un camp français" pour reprendre les termes utilisés par l'empereur le 20 juin 1865 dans la lettre adressée au gouverneur nommé en 1864, le maréchal de Mac-Mahon mérite certainement d'être mis en évidence et de plus il demandait aux Français d'Algérie de "traiter les Arabes, au milieu desquels ils doivent vivre, comme des compatriotes…"

Les termes de sa lettre sont particulièrement nets : "Cette nation guerrière, intelligente, mérite notre sollicitude…

En résumé, je voudrais utiliser la bravoure des Arabes plutôt que de pressurer leur pauvreté".

Il rendit sa liberté en 1853 à l'émir Abdel-Kader qui vivant à Damas se comporta alors en ami des Français. L'empereur traversa deux fois la Méditerranée pour se rendre en Algérie en 1860 et 1865 accompagné de l'Impératrice Eugénie qui accepta lors du premier voyage d'assister à un mariage musulman… »

Au retour de sa seconde visite, l'empereur fit adopter par le Sénat un sénatus-consulte qui accordait aux musulmans et israélites algériens les mêmes droits qu'aux colons et par conséquent la possibilité de devenir des citoyens français. Mais les oppositions des militaires, des colons et de certains Algériens n'ont pas permis à cette réforme qui apparaissait comme très libérale de voir le jour…

La pratique de l'espagnol telle qu'évoquée plus haut se poursuivait puisque mes parents avaient fait appel dans le nouvel appartement de la rue Burdeau à une autre personne chargée des travaux domestiques qui était d'origine ibérique également et qui se prénommait Jacqueline.

Nous avions toujours Douky, mais n'oubliions pas notre attirance pour la gent féline et toutes les fins d'après-midi nous distribuions des restes et autres croquettes aux « minous » dits sauvages du quartier qui venaient miauler sous le balcon donnant sur la côte rocheuse et verdoyante de l'immeuble (construit sous un pont routier je le rappelle)...

Malheureusement, le chien Douky fut victime d'une insolation au début du mois de mai 1958. Pour la circonstance, j'ai découvert qu'il fallait être tout aussi attentif pour les animaux qui étaient exposés au soleil que l'on doit l'être pour les enfants...

Ce fut une perte pour les parents qui éprouvaient beaucoup d'affection pour lui.

Mais pendant ce temps bien sûr l'histoire avançait.

En juillet 1957, le sénateur démocrate John F. Kennedy prononce un discours devant le Sénat américain dans lequel il se déclarait favorable à un règlement international du conflit algérien et le 10 décembre les délégués américains à l'ONU votent une motion favorable à l'ouverture de négociations pour trouver une solution au « problème algérien ».

Et le 15 avril 1958, c'est la chute du gouvernement présidé par Félix Gaillard à la suite d'un vote de rejet de confiance devant l'Assemblée nationale.

À partir de cette date, la recherche d'un nouveau président du conseil va mettre à contribution la classe politique et on sait que le président René Coty a pris contact avec le général de Gaulle qui a quitté le pouvoir en janvier 1946.

Son entourage compte tenu des évènements croyait à la possibilité d'un retour en politique et d'ailleurs Jacques Chaban-Delmas secrétaire du mouvement gaulliste avait installé à la fin de l'année 1957 dans notre ville le représentant des « Républicains sociaux » dénomination des gaullistes, Léon Delbecque.

Et l'annonce le 8 mai 1958, jour anniversaire de la victoire par la présidence de la République de l'appel à Pierre Pflimlin pour former un nouveau gouvernement a enclenché ce qui suit, car cet homme politique a confirmé officiellement qu'il était d'accord pour relancer les négociations concernant l'avenir de l'Algérie.

Nous avions en tant que tenants de l'Algérie française des échos sur la volonté de l'Armée qui était incarnée pour nous par les généraux Massu (le vainqueur de la bataille d'Alger contre Yacef Saadi) et Salan commandant en chef, de ne pas accepter un renoncement alors que la situation s'était améliorée dans les zones dites de rébellion.

Il y avait aussi les anciens combattants d'origine algérienne (les tirailleurs et les zouaves notamment) qui avaient tenu à rappeler leur participation dans la victoire finale pour cet anniversaire du 8 mai et puis il y avait aussi la jeunesse porteuse de souhaits d'avenir professionnel dans ces départements et représentée par Pierre Lagaillarde, jeune avocat et président de l'Association Générale des Étudiants d'Alger âgé de 26 ans... Danielle ma « fiancée » le connaissait bien ainsi que ses amies et amis.

Le lendemain 9 mai nous avons appris par le canal des informations radiophoniques la revendication par le FLN de l'exécution en Tunisie de 3 soldats français prisonniers des rebelles par l'ALN.

À l'initiative du Général Salan, une grève générale a été décidée pour rendre aux trois victimes l'hommage qui leur revenait.

Les anciens combattants d'origine européenne et musulmane et des civils dont des étudiants et élèves de terminale comme c'était mon statut se regroupèrent autour du monument aux morts des 3 guerres de 1870, 1914-18 et 1939-45 qui était un très bel ouvrage (voir ci-dessus) situé dans les escaliers descendant du Forum et boulevard Laferrière comme je l'ai rappelé.

Ce furent des instants forts pendant lesquels j'ai compris que les personnes politiques oubliaient vite le devoir qui est le leur, celui de défendre et préserver l'identité nationale pour ne s'occuper que de leur statut personnel.

Compte tenu de l'unité apparue, nous avons appris par « le bouche-à-oreille » pratique largement répandue dans les circonstances tendues qu'il se préparait une grande manifestation d'autant que Paris n'avait pas fait connaître la position officielle du pays pour ces actes et que le pays n'avait toujours pas de gouvernement opérationnel…

Je me souviens comme beaucoup de mes compatriotes de ces moments bien sûr…

Le 13 mai à midi des voitures équipées de haut-parleurs ont invité la population algéroise à manifester dans le calme. Le Comité de Vigilance qui avait été constitué dans l'intervalle assumait l'organisation de ces manifestations.

– À 14 heures la grève générale débutait et les magasins étaient fermés et les rideaux de fer tirés.

– À 17 heures à partir du plateau des Glières qui se trouvait en contrebas de la Grande Poste, édifice aujourd'hui connu dans une grande partie du monde et où Danielle travaillera quelques années plus tard et situé non loin du boulevard Baudin (voir ci-dessus) Pierre Lagaillarde qui avait revêtu sa tenue « léopard » d'officier parachutiste de réserve lance tous les volontaires réunis à l'assaut du GG (bâtiment bien connu aussi du Gouvernement Général) que l'on voyait très bien depuis le parapet dans l'angle formé par la rue Duc des Cars.

Il y avait bien sûr des CRS en faction et aussi quelques unités de la circulation routière et enfin des parachutistes du 3e RPC appelés en renfort. À l'exception des gaz lacrymogènes, il n'y eut pas d'autres barrages pour les manifestants. Le bâtiment central a été accessible après qu'un camion militaire a été utilisé pour forcer les grilles de fermeture. Les bureaux ont été envahis et les dossiers et archives contenus disséminés un peu partout et les quelques journalistes présents ont pu filmer le jet de nombreux documents par les fenêtres… C'est l'histoire bien évidemment, mais la foule d'opposition se comporte toujours de la même manière pendant ce type d'évènement.

Il n'y eut pas en revanche de blessés parmi les envahisseurs du GG, car les militaires pour reprendre l'expression d'un historien de cette période observaient la scène avec un regard complice…

À 19 h 30 voici le général Massu commandant le département d'Alger qui annonce qu'il accepte de diriger le Comité de salut public dont la création a été annoncée. C'est afin d'éviter des excès et des emportements dans cette structure voulue par Lagaillarde et ses amis, mais où Léon Delbecque s'est fait admettre, qu'il s'est proposé.

Il a aussitôt après dans la soirée adressé un télégramme au président de la République René Coty exigeant « la création à Paris d'un gouvernement de salut public, seul capable de conserver l'Algérie, partie intégrante de la métropole. »

Mais nous avons appris le lendemain que l'Assemblée nationale pour défendre la République avait investi dans la nuit le gouvernement Pflimlin…

Compte tenu du rôle potentiel de l'Armée, nous attendions la suite des évènements avec détermination et avons été très nombreux le 15 à écouter le général Salan quand il s'est exprimé depuis le balcon du Gouvernement général en déclarant : « La victoire, c'est la seule voie de la grandeur française. Je suis avec vous, avec vous tous. Vive la France, vive l'Algérie française ! ».

Et il a conclu alors que la foule l'applaudissait fort « Vive le général de Gaulle ». Et cette conclusion marquera les esprits…

Nous avions pu constater même si les quartiers où nous vivions étaient différents de Belcourt, du Champ de Manœuvres et a fortiori de la rue Bab Azzoun qui marquait le début de la Casbah que les musulmans étaient moins en retrait lorsque nous les croisions ou les rencontrions depuis le 13 et le 16, ils nous ont rejoints sur le Forum et nos parents et amis plus âgés que nous ont revécu des moments qu'ils considéraient comme ne pouvant plus se reproduire et beaucoup d'affiches sur la réconciliation et nouvelle fraternisation entre européens et musulmans ont été inspirés par ces jours de mai et toutes les photos qui ont célébré ces moments…

Pendant ce temps Paris vivait des moments intenses, car dès le 19 mai au Palais d'Orsay le général de Gaulle avait participé à une conférence de presse en, présence de journalistes du monde entier selon l'expression connue et il y eut des allées et venues entre les responsables politiques avec bien évidemment une manifestation importante organisée par les communistes et les partis de gauche le 28 mai pour s'opposer au retour au pouvoir du général.

Pendant ce temps sur le terrain se déroulait ce qui a été nommé « la bataille des frontières » à la frontière avec la Tunisie et nous avons appris avec beaucoup de tristesse la mort au combat du colonel Jeanpierre du 1er REP abattu dans son hélicoptère…

Pierre Pflimlin ayant démissionné, nous avons appris que le général de Gaulle chargé de former un nouveau gouvernement a été finalement investi par l'Assemblée nationale le 1er juin.

Le 4 juin, le nouveau président du conseil venait à Alger comme il se devait et c'est grâce à Etienne Galant et à ses « laissez-passer » de déclarant en douane que nous avons pu tous les deux franchir les barrages et nous trouver à proximité du hangar de l'aéroport de Maison-Blanche d'où il devait partir dans un véhicule militaire escorté comme il se devait pour se rendre au GG afin de rencontrer la foule et prononcer un discours.

Ce fut un grand moment, car je me souviens encore malgré l'épreuve du temps que les deux généraux, de Gaulle et Salan se sont trouvés à 5/6 mètres de nous en sortant du hangar pour monter dans la jeep spéciale.

Tout au long du parcours, la population les a acclamés.

Etienne et Yvette Galant avaient obtenu de leurs voisins de la rue d'Estonie M. et Mme Yvars propriétaires du garage « Duc des Cars » de pouvoir assister à ces moments historiques depuis la terrasse de leur très jolie maison de couleur ocre rouge dominant la pente où j'entraînais Douky et le plateau de la Garderie avec une très belle vue sur le bâtiment du GG et sur le Forum.

Nous sommes tous très attentifs lorsque le général apparaît sur le désormais célèbre balcon avec à sa gauche Jacques Soustelle qui est revenu en Algérie quelques jours après le 13 mai, et derrière lui les généraux Salan puis Massu.

Lorsqu'il prononce sa célèbre phrase « Je vous ai compris » au début de son discours nous nous regardons avec Yvette Galant et je crois que nous nous sommes compris sur les dessous de la volonté de cette illustre personne de conserver l'Algérie dans le giron français… J'ai ressenti un choc interne qui me confirma ce que j'avais constaté 2 ans plus tôt lors de la manifestation du 6 février 1956, à savoir que l'intérêt national ne prime vraiment que s'il dessert les sentiments personnels…

Un historien a écrit à propos de Winston Churchill et de la défense d'Anvers au début de la Première Guerre mondiale ; « Churchill avait laissé sa soif d'aventure et de gloire outrepasser sa responsabilité première qui était de superviser la Royal Navy au cours des premiers mois désespérés de la guerre la plus terrible de l'histoire du pays » (Carlo d'Este).

Dans l'immédiat, la foule très importante composée comme je l'ai dit plus haut d'Européens, mais aussi de musulmans dont un certain nombre portaient leur costume traditionnel applaudissait à tout rompre. Il s'agissait d'habitants du « bled » comme nous avions coutume de le dire qui avaient pu rejoindre la manifestation grâce aux camions de l'armée et nous avions le sentiment que de nouveau nous pourrions faire de l'Algérie un très beau pays d'autant que des puits de pétrole du secteur d'Hassi Messaoud étaient opérationnels depuis un peu plus d'un an…

Et les études pendant ces temps héroïques ? Comme c'est bien souvent le cas dans une période difficile, les élèves et notamment ceux des classes supérieures dans un lycée ou un collège mettent en évidence les « évènements » pour justifier leur carence dans telle ou telle discipline et ce fut le cas dans notre classe de 1re du lycée Gautier pour la composition de physique-chimie du 3e trimestre pour laquelle Mme Lachkar, professeur de bon niveau selon mes souvenirs, ne recueillit que les deux tiers des copies des élèves et alors que j'appréciais beaucoup ces deux matières, le groupe qui n'avait pas composé m'avait demandé de se joindre à eux et de ne pas rendre d'écrit de façon que l'épreuve puisse être fixée pour un autre jour. Ce ne fut pas l'avis du Conseil de classe et de Jean Bogliolo qui n'hésita pas à me reprocher devant les autres élèves ma participation à cette « grève » qui me coûta le 1er prix de physique chimie et le prix d'excellence…

La réussite à l'examen de la 1re partie du bac ne me posa aucun problème et pour la classe terminale j'optais pour la rentrée du mois de septembre pour la section de philosophie qui me permettrait d'avoir une bonne ouverture vers la faculté de droit.

Malheureusement pendant l'été le FLN qui avait bien ressenti qu'il perdait du terrain sur le plan opérationnel, mais aussi vis-à-vis de la population décida de porter ses attaques en métropole et c'est ainsi que se produisirent les incendies déclenchés à Mourepiane près de Marseille à la fin août.

Il faut bien reconnaître que nous les pieds-noirs qui étions « compris » par le général de Gaulle considérions que les métropolitains allaient désormais connaître ce que nous subissions depuis quatre ans.

Et en attendant comme la sécession de l'Algérie apparaît inconcevable pour les métropolitains et pour nous citoyens français vivant de l'autre côté de la Méditerranée absolument inacceptable, nous décidions de profiter de ces vacances de l'été 1958 en attendant le référendum qui était organisé pour la fin du mois de septembre et nous fréquentions les plages de l'Algérois pour prendre le soleil et nager bien sûr, mais aussi pour effectuer quelques collectes d'oursins sous les rochers pour les déguster le soir avec nos parents, nos amis et des voisins.

D'autres comme Etienne et mon père se faisaient embarquer (sans jeu de mots bien sûr) pour aller pêcher en mer à quelques encablures, des rougets et autres poissons locaux.

Pour certains dont le cœur était pris comme c'était le cas pour moi avec Danielle l'emploi du temps était clair. N'ayant pas d'examen à préparer je vérifiais que la volière qui se trouvait sur le balcon loggia de notre appartement et qui comptait un certain nombre d'oiseaux comme les calfats, les canaris et les chardonnerets, au total plus d'une vingtaine de volatiles ne nécessitaient pas une intervention au niveau des mangeoires ou des petits réservoirs d'eau et de la baignoire dont l'eau devait être changée tous les jours pour les canaris de façon qu'ils ne regrettent pas trop l'archipel où est née leur race sous l'apparence des Serins des Canaries.

Jacqueline ne pouvait pas en plus de ses travaux domestiques s'occuper de ces petits volatiles.

J'appréciais la couleur gris ardoise du pelage des calfats appelés aussi paddas de Java ainsi que leurs joues blanches et leur bec rose. Ils évoquaient pour moi les maîtres d'hôtel de grands établissements que j'avais entrevus en allant à Paris avec mon père…

Ensuite j'effectuais depuis l'immeuble ma marche quotidienne de 2 km environ qui m'amenait jusqu'à la rue d'Estonie où demeurait celle qui représentait beaucoup pour moi et nous passions le reste de la journée ensemble avec ou sans ses amis et le soir c'est Etienne qui me ramenait en voiture.

Il fallait qu'il me dépose à proximité de l'entrée de l'immeuble sur le pont Burdeau et qu'il puisse retourner à son domicile avant le début du couvre-feu qui était applicable de 22 h à 6 h du matin. Je me souviens d'un soir du mois de mars où se trouvait devant nous un véhicule de la gendarmerie qui visiblement patrouillait. Il fallait éviter d'effectuer le dépassement de ces voitures, car la route ne permettait que la circulation de part et d'autre et bien souvent les doublements étaient effectués par des terroristes. Lorsque nous sommes arrivés à proximité du pont Etienne a pu effectuer le dépassement et baissant la vitre j'ai demandé « Où est le mort ? ». Après mon départ du véhicule, Etienne et Danielle ont été stoppés un peu plus loin par les gendarmes mobiles qui leur ont demandé de présenter leurs documents d'identité et de leur dire ce qui avait été énoncé lors du dépassement.

Etienne et Danielle ont déclaré ne pas avoir parlé et ont demandé à retourner au domicile pour ne pas enfreindre l'heure du début du couvre-feu.

Mon cher beau-père Étienne étant né un 1er avril, nous avons pensé avec Yvette, Danielle et Geneviève à lui « faire une blague ». J'ai imité la présentation d'une convocation au poste de gendarmerie le plus proche de leur domicile pour qu'il puisse justifier le transport de personne qu'il effectuait et se présente avec son véhicule.

À midi et demi Etienne lorsqu'il est arrivé rue d'Estonie s'est vu remettre par Yvette la « convocation ». Il y a tellement cru qu'il a commencé à s'énerver et lorsque ma belle-mère consciente de l'effet de la plaisanterie a entrepris de le calmer, il a répondu : « Et les tampons c'est une plaisanterie ?? » Elle lui a alors montré que les empreintes des tampons étaient en fait des collages… Lorsque je suis arrivé en début d'après-midi et que j'ai voulu lui souhaiter un « bel anniversaire », il m'a fusillé du regard et s'est retourné dans le lit où il s'était allongé…

Beaucoup de jeunes ados aujourd'hui ne partageraient pas cette pratique des sentiments, mais je dois avouer que je ne regrette pas ces moments qui ont permis de forger entre nous des liens réels et forts… d'autant que nous ne savions pas et c'était le cas de le dire pour tous les habitants des départements d'Algérie de quoi demain serait fait…

Sur le même étage de l'immeuble en dessous du pont où nous demeurions avec mes parents vivaient les enfants de Lucien Richardoz c'est-à-dire son fils et sa belle-fille. Cette personne était une célébrité des brasseries et restaurants qui faisaient également la gloire de la rue Charles Péguy située entre le début de la rue Michelet et le Plateau des Glières près de la Grande Poste. Il était le propriétaire de la brasserie le Coq Hardi et son fils notre voisin participait à la gestion de l'établissement.

Dans la revue Historia, il fut rappelé dans un article consacré au « cœur d'Alger » qu'à 17 heures on appelait Lucien « M. Richardoz et galant il passait de table en table, s'inclinant, s'enquérant des bonnes vieilles santés, écoutant la litanie des bons vieux souvenirs… ». On est loin n'est-ce pas de la famille Hernandez…

En face du Coq Hardi il y avait le Bristol qui était un bar très à la mode et dans le prolongement du Coq Hardi donnant sur la Place du

Plateau des Glières la Brasserie Restaurant « le Laferrière » qui existait depuis un certain nombre d'années.

Les deux établissements bien que gérés par M. Richardoz prirent une autre présentation à la fin des années 50 et le Laferrière organisa des réunions de clubs et associations ainsi que des apéritifs et repas célébrant un mariage.

Mon père qui cherchait à compléter ses revenus étant donné qu'il ne pouvait plus se déplacer comme avant pour la distribution des films devint le réviseur des comptes c'est-à-dire l'équivalent de l'expert-comptable de cette brasserie restaurant. Ce fut une nouvelle activité qu'il exerça fort bien puisqu'il fut recruté après son retour d'Algérie à Aix-en-Provence par des filiales d'entreprises connues à la fin des années 60…

On pouvait également pratiquer (c'est le cas de l'écrire) des jeux de hasard et les méditerranéens sont à cet égard très demandeurs.

Venant retrouver mon père pour telle ou telle mission commandée par ma mère, je fis la connaissance des membres du personnel et notamment de François Sack, remarquable maître d'hôtel qui était né avec la citoyenneté austro-hongroise et qui est décédé après 1962 avec la française.

Il demeurait avec son épouse rue d'Estonie et bien entendu mes parents et ceux de Danielle les voyaient volontiers, car il s'agissait de personnes charmantes avec beaucoup de présence, le métier de François, mais aussi la formation viennoise de son enfance y ayant bien contribué.

Le 4 septembre qui est une date connue et reconnue de notre histoire, la nouvelle Constitution est présentée et nous en avions des échos par le canal de la presse bien entendu, car la télévision publique n'avait pas de réseau implanté.

Le 28 septembre, le référendum consacre un « oui » massif de l'ordre de 79 % des suffrages exprimés et en Algérie malgré les menaces du FLN 76 % des inscrits dont les femmes musulmanes qui votaient pour la première fois y participèrent.

Et le général de Gaulle était fier d'envisager une grande France de « Dunkerque à Tamanrasset »…

En dehors de la Guinée de Sékou Touré, toute la Communauté française telle que proposée par le général de Gaulle pour faire suite à la gestion dite coloniale accepta la nouvelle Constitution qui fut promulguée le 4 octobre.

La veille, il était de nouveau pour la 4e fois en déplacement dans notre région et à Constantine il annonçait le lancement du plan portant le nom de la ville.

Pour prononcer son discours, le général utilisa les termes « Algériens, Algériennes », ce qui ne manqua pas de surprendre…

Toujours dans le mois d'octobre lors d'une conférence de presse concernant les résultats du référendum, il évoqua les élections législatives à venir et la « paix des braves » « Que vienne la paix des braves et je suis sûr que les haines s'effaceront » dit le général…

Alors que la presse et beaucoup de personnes désireuses de plaire au nouveau président de la République ont largement commenté avec approbation cette proposition, Ferhat Abbas comme nous l'avons su a repoussé cette proposition de reddition sans condition et a préconisé aux braves en question de pratiquer une « lutte à mort »…

Les élections législatives permirent de « balayer » les vainqueurs de 1956 pour ouvrir la voie à l'UNR et au Centre national des Indépendants et paysans.

En Algérie, les listes devaient comporter deux tiers de candidats musulmans et les 67 députés élus (46 musulmans et 21 européens) étaient tous partisans de l'Algérie française…

Dès 19 h le soir on entendait dans les villes et notamment bien sûr la capitale des klaxons et autres énoncer les sonorisations des termes « Al… gé… rie… fran…çaise ». Des poupées représentant des soldats style « crabe tambour » reproduisaient les mêmes sons dès que l'on remontait le petit moteur interne… qui permettait aux cymbales et au tambour de rythmer ce qui précède… Les personnes qui étaient à leur domicile utilisaient les casseroles qui devinrent ainsi un instrument de manifestation avec les lessiveuses pour scander les cinq « notes habituelles »…

En ce qui nous concerne, nous les adolescents âgés de 17 ans et plus nous avions accepté avec plaisir et conviction de participer aux stages de la PME (Préparation Militaire Élémentaire) pour pouvoir bénéficier d'un sursis afin de terminer nos études et de ne pas être affectés dans une unité se trouvant en Allemagne fédérale puisqu'il fallait être volontaire ou être incorporé dans un régiment ou une division opérant en Algérie pour rester sur place…

L'appel à chaque séance effectuée par un caporal-chef métropolitain donna lieu à des séances de sourires et rires concernant une fois de plus les descendants des Alsaciens-Lorrains.

Dans notre classe, il y avait par exemple Eisenchteter et lorsque son nom apparaissait sur la liste c'était le silence provoqué par la difficulté à le lire et notre copain de classe disait automatiquement « c'est moi ! ».

Une autre fois alors que nous effectuions un stage « pratique » sur le terrain j'entendis un sergent dire à un autre militaire : « Tu as vu les noms ? On se croirait à la Légion… ». Avec deux autres camarades, nous nous sommes permis d'effectuer une démarche auprès du capitaine responsable de la formation PME pour le lycée Gautier, ce qui nous a valu d'apprendre à dégoupiller des grenades…

Nous lui avons signalé pour exemple que l'ESCA (École supérieure de Commerce d'Alger) devait sa qualité et son renom à Paul Messerschmitt qui n'avait rien à voir avec Willy Messerschmitt, le créateur des avions militaires allemands de la Seconde Guerre mondiale…

Mais c'était une bonne chose et nous pouvions comprendre que faire son service militaire c'était rendre à la Nation ce qu'elle attendait de nous.

Et puis ce fut la rentrée en classe terminale du lycée Gautier avec M. Chosky comme professeur principal enseignant la philosophie et qui avait demandé que l'on mette à côté de lui sur la photo de classe traditionnelle prise au début de l'année un squelette un peu habillé…

Les évènements survenus et la morale telle que découlant des cours nous ont permis de croire que tout comme Aristote nous étions devenus l'ami de Platon, mais plus encore de la vérité…

Mais aussi de découvrir les qualités profondes de Sénèque né à Cordoue qui s'appelait Corduba au temps de l'Empire romain et était la capitale de la province de Bétique et dont une de ses citations m'a profondément impressionné :

« Non quia timemus non audemus

Sed quia non audemus timemus ».

« Ce n'est pas parce que nous avons peur que nous n'osons pas

Mais parce que nous n'osons pas que nous avons peur ».

Ce philosophe a vécu voici plus de 2 000 ans et a été contraint de se suicider parce que soupçonné d'avoir participé à une conjuration contre l'empereur Néron dont il a été le précepteur. Son épouse, je tiens à le rappeler a tenu à partager son sort…

Il m'a d'autant plus marqué qu'il n'était pas natif de Rome et nous avons toujours nous « les pieds-noirs » été sensibles aux ultramarins qui marquaient leur destin…

M. Cleac'h (que nous appelions Clic) fut un très bon professeur d'histoire et surtout de géographie. L'ascendance bretonne y était certainement pour quelque chose.

Parmi les élèves de la classe, il y avait des affinités qui amenaient des rapprochements ce qui est normal lorsqu'on a 18 ans et ce fut le cas en ce qui me concerne avec Jean-Marie de L… qui avait une « amoureuse » qui portait un joli prénom Annie-Claude, avec laquelle il avait rendez-vous après la dernière classe de l'après-midi et il était, c'est le cas de l'écrire, sur les « starting-blocks » les dix dernières minutes de cours pour sortir dans les premiers sinon le premier pour éviter les bousculades de 17 h…

Lorsque nous terminions un cours de physique-chimie, comme nous formions équipe, je finissais l'épreuve pour compte commun.

Rapidement je fis comme lui, car Danielle m'attendait aussi rue Hoche et nous étions avec Jean-Marie de plus en plus rapides pour sortir de ce cher Lycée Gautier…

La rue Hoche était un haut lieu d'épiceries mozabites et nous avions l'idée de retirer quelques boîtes des colonnes de présentation des conserves que lesdits commerçants affectionnaient de présenter, mais nous ne le fîmes pas parce que nous avions dans l'esprit de faire en sorte de nous rapprocher davantage des membres de la communauté musulmane…

J'ai préparé avec beaucoup de soin l'examen du baccalauréat dont l'obtention me permettrait d'accéder à l'Université…

Je n'ai pas eu le prix d'excellence qui m'avait été refusé l'année précédente, mais celui d'histoire et géographie, domaines de prédilection, et j'ai réussi à l'examen final.

Pour marquer l'évènement, mon père m'offrit un séjour à Berlin avec un voyage en train remarquable, car il me permit de voir beaucoup de paysages pendant le parcours et à partir de l'arrivée à la gare Centrale de Berlin (ouest) découvrir la célèbre ville qui n'était pas encore partagée par un mur, mais dont on découvrait sans problème la séparation en fonction des deux états allemands.

Comme la France ne reconnaissait pas comme les autres pays fondateurs de la nouvelle Europe la RDA (République Démocratique Allemande, autrement dit l'Allemagne de l'Est), c'est un policier populaire (Vopo) qui, monté dans le train à la ville frontière entre les deux Allemagnes dans le secteur de Leipzig, pointa nos passeports et encaissa une redevance pour nous permettre de circuler…

Les traces du dernier conflit n'étaient plus visibles en Allemagne de l'Ouest si ce n'est de vastes étendues verdoyantes sur lesquelles dans le passé des immeubles avaient été construits et ont été détruits principalement lors des combats qui se sont déroulés pour la prise de la ville en 1945.

De plus à Berlin-Est, les rampes des stations de métro souterraines, notamment derrière la porte de Brandebourg portaient encore les impacts des balles des fusils d'assaut…

On pouvait également constater que dans le secteur est de la ville des quartiers avaient été déblayés des décombres immobiliers sans plus.

La différence entre les deux Allemagnes apparaissait nettement déjà en ce qui concerne les séquelles de la chute de Berlin en avril-mai 1945.

Nous occupions une chambre d'hôtel dans le secteur britannique (Berlin étant divisé en 4 secteurs) et je me souviens d'un « schupo » (policier ouest-allemand) observant avec ses jumelles un « vopo » (policier est-allemand) se trouvant de l'autre « côté » de la frontière entre les deux villes lui faire un signe de la main et sourire…

***

Pour la rentrée universitaire, l'inscription en l'absence d'aide d'intelligence artificielle prenait un certain temps, mais je pense que ce n'était pas inutile, car cela permettait de connaître les particularités de tout système organisationnel (comme on le dit aujourd'hui), mais aussi et surtout les personnes auxquelles il faut s'adresser dans tel ou tel cas.

Je m'inscrivais par conséquent à la Faculté de droit pour assister aux cours et présenter l'examen d'obtention de la licence en droit public et à l'Institut d'Études politiques dont les bureaux occupaient des étages d'un immeuble situé rue d'Isly à proximité de la place du Général Bugeaud et en face du malheureusement célèbre « Milk bar ».

M. Jacques Mabileau était le directeur de cet établissement qui par ses résultats au concours d'entrée à l'ENA (École Nationale d'Administration), chargée de la formation des hauts fonctionnaires et créée en 1945, le situait à la seconde place au niveau national après l'IEP de Paris.

C'était un quartier d'Alger réputé puisque après que l'on a dépassé la Place du Maréchal Bugeaud qui n'était pas très éloignée, et que l'on prenne la direction de la rue Mogador jusqu'aux escaliers de la rue Levacher on se trouvait devant le « Théâtre des 3 baudets » qui mit en scène pendant des années avant leur départ pour Paris, Pierre-Jean Vaillard, Christian Vebel et Georges Bernardet qui ont fait rire des générations de pieds-noirs dont votre serviteur et qui durent partir à Paris pour les raisons dont on se doute pour poursuivre leur carrière au « théâtre des deux ânes »

La famille Hernandez que j'ai évoquée avant y trouva un toit pour y jouer (« T'ias compris ? Maintenant j't'esplique »)...

Mon cursus universitaire paraissait très clair et je le devais à mon ami André Dupuis qui voyait en moi un futur haut fonctionnaire de bon niveau...

La découverte de la « Fac » ainsi qu'on l'appelait a été bien entendu une période intense et stimulante, car elle a permis de connaître des personnes de qualité, des programmes en sciences politiques qui tenaient compte de l'importance de la population musulmane en Algérie, mais aussi de la communauté juive constituée principalement de sépharades qui considéraient qu'ils étaient sur le sol algérien bien avant d'autres.... Les historiens considèrent en effet que les juifs sont venus en Afrique du Nord après la destruction de Jérusalem par l'empereur Titus en 70 et suite aux persécutions qu'ils ont subies dans la péninsule ibérique durant la période d'Al andalous et après la Reconquista...

Le doyen de la faculté de droit d'Alger M. Breton était petit de taille, mais remarquable par sa connaissance et la maîtrise du droit qu'il enseigna à partir de 1927... !

Il connaissait par cœur le texte des articles du Code civil et avait un caractère assez marqué au point de lancer un exemplaire du code au visage de celui qui refusait de l'entendre y compris lors des épreuves orales des examens...

Il était bien entouré et notamment par Jacques Robert (droit constitutionnel), Fernand Derrida (droit commercial et des faillites) qui précise dans une note consacrée à la Faculté de droit d'Alger qu'il a retrouvé la qualité de juif indigène algérien non seulement en 1940 avec l'abrogation du décret Crémieux de 1870, mais aussi épisode peu connu, alors qu'il se trouvait militaire en Tunisie en mars 1943 c'est-à-dire quatre mois après le débarquement anglo-américain (voir ci-dessus) en Algérie, car le général Giraud après avoir abrogé la législation raciale du gouvernement de Vichy a abrogé à son tour le décret Crémieux, ce qui a amené Fernand Derrida à se retrouver juif indigène algérien pour quelques mois encore…

J'ai connu aussi comme professeurs Maxime Lemosse en histoire du droit, qui se reconnaissait à sa démarche particulière lorsqu'il descendait à pied la rue Michelet depuis l'avenue Claude Debussy pour se rendre à la faculté, René Gendarme professeur d'économie politique qui était le voisin de l'appartement occupé par mes parents dans l'immeuble-pont rue Burdeau,

L'Université d'Alger fut créée par une loi du 30 décembre 1909, ce qui amena cinquante ans plus tard des manifestations particulièrement chaleureuses pour fêter son cinquantenaire malgré les incertitudes pour son avenir compte tenu du discours du 16 septembre 1959 prononcé par le général de Gaulle devant les caméras de télévision à l'Élysée.

À l'Institut d'Études Politiques, nous suivions les cours de personnes de qualité également. M. Xavier Yacono né à Belcourt, quartier de l'est d'Alger quelques mois après mon père qui l'a connu à l'école primaire et qui était un remarquable historien.

Les élèves de l'IEP ont ainsi découvert avec l'examen de fin de 1re année probatoire qu'il fallait bien connaître l'histoire et le droit local et les problèmes contemporains de l'Afrique du Nord et du monde musulman. Je fus du nombre même si j'ai réussi à l'examen et me suis depuis intéressé aux thèmes que je viens de mentionner. Et c'est tout à fait normal qu'un Établissement d'enseignement supérieur soit attentif à promouvoir la connaissance de tous les domaines de la région où il dispensait ses cours et conférences.

J'ai lu avec beaucoup d'attention l'ouvrage de F-W Fernau « Le réveil du monde musulman » ce qui m'a amené à lire le Coran…

Pendant ce temps nous apprenions que le discours du 16 septembre qui évoquait le recours à l'autodétermination pour fixer le sort de nos départements d'Algérie avait commencé à créer une séparation en métropole entre les gaullistes (c'était de nouveau l'appellation adéquate avec à leur tête Michel Debré) et ceux qui entendaient maintenir leur engagement et leur fidélité pour l'Algérie française qui va se transformer en rupture…

Sur le terrain pourtant, le délégué général Paul Delouvrier et le général Challe appliquent ce qui avait été décidé et affirment notamment vis-à-vis de leurs exécutants qu'il faut se battre pour l'Algérie française. Ce que j'ai évoqué en ce qui concerne les unités territoriales trouve une bonne application avec l'exécution du plan Challe et la participation en leur sein de supplétifs d'origine musulmane.

Pendant ce temps, l'étude du droit et des sciences politiques se développait largement en ce qui me concerne d'autant qu'avec André Dupuis nous avions « découvert » un autre étudiant qui devint rapidement un ami, José Belaïche. Il était le fils de Marcel Belaïche, un des membres reconnus de l'Assemblée algérienne et le neveu de Fernand Derrida que j'ai cité plus haut. Nous avions l'habitude de plaisanter avec José à propos d'« Uncle Derry », car lorsqu'ils se croisaient dans les couloirs de la faculté, le professeur demandait à notre ami « où il en était de ses révisions »…

Ce furent des moments très agréables que nous avons connus et qui démontraient que la situation d'étudiant offre incontestablement des avantages et permet de vraiment découvrir les autres et les apprécier.

L'après-midi qui suivait les cours de droit lorsqu'il faisait beau et avant les cours de « Sciences-Po » qui commençaient à 19 h 40 (pour celles et ceux qui exerçaient une activité par ailleurs) nous partions avec lui dans sa Peugeot 403 immatriculée 800-JA-9A pour aller prendre le soleil et l'air marin près des plages de Sidi-Ferruch, là où les troupes françaises ont débarqué en 1830 et où on élevait dans le célèbre vivier des poissons et des huîtres.

Lorsque j'ai dû revenir en métropole en 1962, j'avoue avoir été surpris de ne pas découvrir à cette époque de vivier à Marseille…

Les listes des inscrits pour la 1re année de licence et pour celle du diplôme de l'IEP étaient affichées dans le hall d'entrée de la faculté de droit et comme toujours en pareil cas les plaisanteries fusent si les noms et/ou prénoms de l'étudiant ou de l'étudiante s'y prêtent.

Lui ou sa famille ne m'en voudront pas, mais un des élèves de 1re année de « Sciences-Po » s'appelait Lahmer Seydoux, ce qui amena un autre copain prénommé Robert à préciser qu'il avait trouvé la possibilité grâce à son nom de vaincre les oppositions tranchées qui « empoisonnent la vie »…

Mais la vie est le plus souvent empoisonnée par des faits mensongers ou des hypocrisies.

Après une fin d'année 1959 passée dans l'espoir et surtout l'attente d'éléments d'appréciation sur la politique qu'entendait effectivement mener le général de Gaulle, le 18 janvier, un quotidien allemand (le Süddeutsche Zeitung) publie une interview du général Massu. Celui-ci, considéré comme le vainqueur de la « bataille d'Alger » s'avoue déchiré par la nouvelle politique décidée par le chef de l'État.

Malgré ses dénégations, car il est surprenant qu'un gradé en exercice se laisse aller à des commentaires sur la politique de fond menée par le responsable politique du pays à un quotidien d'un pays ami, mais étranger, il est convoqué à Paris et relevé de son commandement. Il convient de rappeler à cet égard compte tenu des informations qui ont été diffusées postérieurement que le journaliste allemand Hans Kempski qui a reçu le général a enregistré l'entretien sans l'en aviser…

En outre, les députés de nos départements qui ont été reçus le 20 janvier par le chef de l'État ont été quelque peu surpris par ses propos. Il considérait que l'intégration n'avait pas de sens parce que les musulmans ne sont pas des Français…

Lorsque l'on connaît le nombre des pertes enregistrées dans les unités formées en Algérie pour délivrer la métropole ainsi que les massacres effectués par les fellaghas en 1955 dans le Constantinois, on ne peut qu'être choqué par une telle affirmation…

Nous apprenons par la transmission non écrite qu'une manifestation est prévue pour le 24 janvier pour obtenir le retour du général Massu et le désaveu de l'autodétermination. Nous retrouvons comme chefs de file les mêmes personnages que pour le 13 mai c'est-à-dire les colonels Gardes et Argoud, Joseph Ortiz, Jean-Jacques Susini, Jean-Claude Pérez et Pierre Lagaillarde. Ils s'enferment avec leurs proches dans l'un bâtiments de la faculté et des barricades sont érigées dans les voies situées près du Forum dont la rue Charles Péguy qui précède la rue Michelet à partir de la place de la Grande Poste.

La population civile a été invitée par des tracts à venir manifester son appui aux tenants de l'Algérie française.

Des gendarmes mobiles (appelés gardes mobiles par les pieds-noirs) ont été déployés et je me souviens encore au terme de ma marche quotidienne pour me rendre chez Danielle et ses parents rue d'Estonie pour être près du Forum avoir vu des gendarmes mobiles dans les escaliers de la rue Lacanaud.

Devant l'ampleur de la manifestation, l'ordre de dégager tous les lieux comportant des barricades ou des groupes de manifestants a été donné et les gendarmes mobiles chargent pour ce faire avec la crosse de leurs fusils de combat.

Il y a eu comme c'est malheureusement très souvent le cas un coup de feu tiré dont l'enquête qui sera effectuée postérieurement ne déterminera pas l'origine et c'est une fusillade importante qui éclate au boulevard Laferrière entre les gendarmes et les manifestants renforcés par des éléments d'unités territoriales.

Les parachutistes interviennent alors pour éviter que les échanges de coups de feu s'amplifient et se transforment en une véritable bataille urbaine.

Le bilan est néanmoins lourd : une quinzaine de tués et plus de 120 blessés dans les rangs des gendarmes mobiles et une dizaine de tués et plus de 20 blessés chez les manifestants.

Le Général Challe qui s'exprime le soir à la radio dira que c'est depuis la fin de la Seconde Guerre mondiale un épisode sanglant opposant des Français entre eux ce qui est très regrettable…

Pendant une semaine, Pierre Lagaillarde, Joseph Ortiz et leurs compagnons resteront dans le camp retranché constitué depuis la rue Charles Péguy jusqu'aux facultés.

Ils furent ravitaillés par la population européenne avec l'assentiment tacite des paras qui avaient remplacé les gendarmes mobiles. Cette fois-ci au contraire de ce qui s'est déroulé le 13 mai, les Algériens d'origine musulmane restèrent chez eux…

Le 29 janvier le général de Gaulle ayant revêtu son uniforme prend la parole à la télévision. Il réaffirme le projet d'autodétermination, mais précise qu'il n'est pas question d'abandonner les Français d'Algérie. Il rappelle aux militaires qu'il est leur chef et qu'ils doivent liquider les forces rebelles. Il insiste sur le fait qu'il ne modifiera pas ce qu'il vient d'exprimer.

D'après ce qui me sera rapporté par des amis connaissant tel ou tel participant à cette semaine aux dures conséquences le ton du chef de l'état et le refus d'accepter de revenir sur les décisions arrêtées jetèrent le trouble dans les groupes commandés par Pierre Lagaillarde et les autres responsables énumérés. Celui-ci se rend le 1er février en tenue de parachutiste et nous gardons toutes et tous en mémoire la photo le montrant après avoir franchi la barricade, suivi d'un autre ancien para qui est Guy Forzy né dans le département de Tiaret.

Pierre Lagaillarde, le docteur Jean-Claude Perez et Jean-Jacques Susini sont transférés à Paris et incarcérés. Jo Ortiz a préféré partir aux Baléares.

Pierre Lagaillarde a obtenu que ses hommes soient affectés à une unité combattant le FLN.

N'ayant pas accès tant s'en faut à toutes les informations et les explications y relatives, nous ressentions à l'issue de ces dures journées que le général de Gaulle avait tiré définitivement un trait sur une Algérie française même revue et aménagée et également que les autres habitants de souche nord-africaine n'allaient plus partager avec nous les épreuves et les quelques joies comme ce fut le cas dans les journées qui suivirent le 13 mai.

Nous le remarquions à l'attitude de commerçants, notamment de fruits et légumes (les célèbres mozabites).

Mais il y avait aussi le ressenti des compatriotes de métropole qui considéraient que le chef de l'état avait parfaitement raison.

Les officiers généraux comme on peut s'en douter durent assumer les conséquences de ce qui précède et fin avril nous avons su que le général Challe était remplacé au poste de commandant en chef des troupes en Algérie par le général Crépin pour être nommé commandant en chef des forces de l'OTAN pour la région Centre-Europe.

J'ai ressenti comme beaucoup d'autres jeunes et de natifs de notre région qu'on ne peut renoncer ainsi à son avenir et tirer un trait sur ce que nos grands-parents et parents avaient su élaborer. Pierre Lagaillarde et aussi Jean-Jacques Susini étaient les représentants des étudiants qui ont toujours tenu à être présents aux côtés de leurs aînés pendant les moments mémorables de notre histoire.

Les relations du Lycée Gautier m'ont permis de poursuivre et d'approfondir dans l'appartement des parents de l'un de nos amis les connaissances de base acquises à l'occasion de la formation à la PME. Des militaires en poste venaient ainsi nous apprendre les bases du système ORO, c'est-à-dire Organisation, Renseignements et Opérations, qui devaient nous permettre d'être proches des membres actifs de défense de l'Algérie française. C'est ainsi que nous avons appris que Jacques Soustelle fut nommé à la tête de la DGSS (Direction Générale des Services spéciaux) fin novembre 1943 par le général de Gaulle à Alger…

***

Et la vie courante et les études ?

La faculté de droit ayant été « libérée » des barricades qui la bloquaient et des personnages qui y résidaient pour reprendre la terminologie dite officielle, les cours reprirent et le professeur de droit constitutionnel Jacques Robert (natif d'Alger) indiqua lors de son petit discours d'accueil à la reprise : « J'ajouterai dans mes développements un paragraphe supplémentaire à la liberté d'agir au regard de la nouvelle constitution définissant la liberté publique… ».

Il fut largement applaudi comme on s'en doute par les étudiants présents. Et il demanda pour la rentrée de 1960 à enseigner dans une autre université, qui fut celle de Rabat jusqu'en 1962…

Tout ce qui précède me marqua comme beaucoup d'autres personnes et l'apport des études effectuées et notamment à l'IEP me renforçait dans des sentiments de rejet des politiques qui n'aspiraient qu'à être au pouvoir et y rester, quelles que soient les circonstances.

J'avais noté avec intérêt que l'IEP s'était doté d'une « salle de presse » qui permettait aux étudiants qui ne pouvaient pas acheter tous les journaux et périodiques qui pouvaient leur être nécessaires de les consulter.

Lorsque j'ai poursuivi mes études pendant quelques années à l'IEP d'Aix-en-Provence après mon retour en 1962, je m'en suis souvenu.

Pendant ce temps nous faisions, nous les étudiants en sorte de passer nos examens avec succès, car nous imaginions qu'il faudrait d'autant mériter nos emplois de demain en apportant un plus à notre formation.

Mais nous échangions aussi avec nos parents et notre famille et beaucoup d'entre eux s'interrogeaient sur un éventuel retour en métropole alors qu'ils n'auraient pas le statut de retraité.

Nous avons commencé à effectuer des recherches et pour ceux qui étaient élèves à l'IEP la démarche était facilitée pour savoir quels seraient les états ou régions susceptibles de les accueillir.

Si l'Australie et deux ou trois pays d'Amérique du Sud émergèrent de ces recherches, il apparut très vite que le problème de la langue constituerait un obstacle important sinon majeur. Malgré leur bon niveau opérationnel, mon père qui pourtant participait à la distribution de films dont la langue d'origine était l'espagnol ou l'anglais ne pratiquait aucune des deux langues et Solange ma mère secrétaire du président de la Sté Générale des Alfas dont le principal client était la Grande-Bretagne ne comprenait pas et ne lisait pas la langue de Shakespeare…

Et pourtant certains des pays comme l'Australie ou le Chili qui souhaitaient voir s'implanter sur leur sol des « pieds-noirs » étaient disposés à consentir une aide financière… L'Argentine proposa aux Français d'Algérie de participer au développement de la ville de Tucumán située à plus de 1 000 km au nord de Buenos Aires. En effet, c'est grâce à la présence d'une importante colonie française à partir de la seconde moitié du 19e siècle que la culture de la canne et la fabrication du sucre ont permis à la ville et à sa province de se développer en devenant même une ville concurrençant la capitale Buenos Aires dans certains domaines.

Personnellement je pensais que nos compatriotes étaient susceptibles de s'adapter à beaucoup de situations, mais les pieds-noirs ne sont pas des békés antillais.

Pour certains et Joseph Ortiz avait semblé donner l'exemple, l'Espagne pouvait permettre de poursuivre sa vie tout en n'étant pas trop éloigné de la métropole s'il fallait quitter l'Algérie. Mais l'Espagne à cette époque était toujours gérée par le général Franco pour le compte de la monarchie issue des Bourbons et celui-ci ne souhaitait pas soulever des problèmes avec la France qui l'observait d'un œil soupçonneux depuis de nombreuses années (voir ci-dessus).

Il y avait beaucoup de pieds-noirs d'origine espagnole comme je l'ai indiqué plus haut et en ce qui me concerne j'avais hérité d'un quart de sang, mais les expatriations étaient soumises à des contrôles très stricts et difficiles à satisfaire.

Il se rajoutait aussi le problème des enfants dont les garçons devaient être libérés de leurs contraintes réglementaires comme l'accomplissement de leur service militaire même si celui-ci était effectué en Allemagne pour les appelés dits du « contingent ».

Et il fallait aussi tenir compte lorsqu'on espérait bien comme c'était mon cas se marier et fonder comme on le disait à cette époque un foyer tenir compte des souhaits et volontés de celle qui partageait vos sentiments et de ses parents. Danielle ne souhaitait pas s'expatrier comme elle le disait souvent et ses parents n'entendaient pas poursuivre leur vie dans un autre pays…

Toutes ces démarches amenèrent certains d'entre nous à effectuer des recherches et pour ce faire de solliciter des personnes occupant un poste administratif et susceptibles de leur répondre…

Pendant ce temps, l'histoire continuait à s'écrire. Le 14 juin, le général de Gaulle s'exprima à nouveau à la télévision évoquant à propos de la question de la décolonisation, la « douceur des lampes à huile, la splendeur de la marine à voile, le charme du temps des équipages » et en ce qui concerne l'Algérie le président réaffirma le principe de l'autodétermination qui devait selon lui conduire à une association avec la France. Il terminait en lançant un nouvel appel à la négociation…

En réaction, il s'est créé deux jours plus tard un Front de l'Algérie française présidé par le bachaga Boualam qui était vice-président de l'Assemblée nationale…

Le 20 juin, le GPRA (rappelons la signification : « Gouvernement Provisoire de la République Algérienne ») annonce qu'il a chargé Ferhat Abbas de rencontrer le général. La préparation de ladite rencontre qui devait se tenir à Melun se solda par un échec, car les négociateurs commis par l'Élysée ne devaient encore rien « lâcher ». Il n'en demeure pas moins que les commentateurs de cette rencontre ont considéré que c'était le GPRA qui était devenu le négociateur reconnu face aux pouvoirs publics français.

Et puis ce fut la période des manifestes et pétitions qui provoquèrent beaucoup d'effervescence dans les universités et notamment le Manifeste des 121 dont il est fait mention le jour de l'ouverture du procès Jeanson concernant « les porteurs de valises du FLN ». Ce fut l'occasion au travers de ce manifeste de dénoncer le « système colonial » pour un certain nombre d'intellectuels qui n'avaient pas bien supporté l'évolution de la France depuis le mois de mai 1958… Les noms sont largement connus et s'énumèrent depuis Simone de Beauvoir et Maurice Blanchot pour aller jusqu'à Simone Signoret, Vercors et Pierre Vidal-Naquet en suivant l'ordre alphabétique.

À ce Manifeste des 121, répondit une pétition en faveur de l'Algérie française signée par 185 personnes, dont Henri Bordeaux, Jules Romains, Thierry Maulnier, Pierre Gaxotte, Daniel Halévy, etc.

Déjà à l'époque une inégalité se faisait quant à la connaissance par le public de la diffusion de tels messages. Le Manifeste des 121 est toujours cité, ce qui n'est pas le cas de la seconde pétition…

Et le 4 novembre s'ouvrit le procès dit des Barricades et défilèrent à la barre pour reprendre l'expression consacrée les généraux Challe, Crépin et Massu qui firent part aux magistrats du sentiment de malaise éprouvé par l'Armée opérant en Algérie.

Le même jour, le général de Gaulle annonçait dans une nouvelle intervention télévisée vouloir prendre une nouvelle voie permettant « aux Algériens de décider de leur destin… ».

Celle allocution n'a pas manqué de provoquer des remous à commencer par le maréchal Alphonse Juin natif de Bône et appartenant à la même promotion (promotion Fès de l'École Saint-Cyr dont il fut le major) que le général de Gaulle et qui lui signifia dans une courte entrevue à l'Élysée qu'il ne faudrait plus compter sur lui. Le général Jouhaud natif de Bou-Sfer près d'Oran, ancien inspecteur général de l'Armée de l'air qui avait demandé à être mis en disponibilité dans le 1er trimestre rejoignit le général Salan dans ce qui apparaissait être une certaine clandestinité.

J'ai été en ce qui me concerne relativement bien tenu informé et notamment du suivi concernant les officiers natifs de nos départements grâce à des amis « bien-placés » comme on a coutume de le dire et aussi de l'écrire qui faisaient partie de ma nouvelle activité parallèle.

Le 16 novembre, le président annonce ainsi qu'il fallait s'y attendre l'organisation d'un référendum portant sur « l'organisation des pouvoirs publics en Algérie en attendant l'autodétermination ».

Le 9 décembre, le chef de l'état se déplace à nouveau dans les départements d'Algérie pour préparer le référendum et commence par Aïn Temouchent. Il tient à saluer dans la rue des citoyens d'origine nord-africaine qui crient : « Vive l'Algérie algérienne ».

Le lendemain, 10 décembre, il est à Oran et des incidents opposant des jeunes « Algérie française » aux gendarmes mobiles se produisirent.

Mais c'est à Alger que les incidents les plus graves surviennent, car des milliers de musulmans descendent depuis les hauteurs de la ville jusqu'à Belcourt notamment en portant le drapeau vert et blanc du FLN avec le croissant et l'étoile rouges.

Pour la première fois depuis longtemps des heurts se produisent avec les Français d'origine européenne et l'armée devra tirer sur les manifestants les plus dangereux.

Il y aura plus d'une centaine de morts… (certains journalistes ou commentateurs ont évoqué le chiffre de 260 tués…).

La presse internationale qui n'appréciait pas beaucoup le général donna beaucoup d'échos à ces évènements…

Avec le recul, on imagine sans difficulté ce que nous pouvions éprouver qu'il s'agisse des Français d'origine ou des membres des harkas qui se battaient pour que les départements restent français. L'année 1960 commença avec les barricades et des morts relevant d'actes de guerre civile et se terminait avec de nouveaux morts et une cruelle incertitude du lendemain. Alors que dans les jours qui suivirent le 13 mai 1958 nous avions cru que notre lendemain s'était clarifié et dégagé…

Comme il convient malgré toutes les importantes difficultés rencontrées ainsi que nous commencions à en avoir l'habitude pour terminer cette année 1960, nous avons tenté de mettre provisoirement de côté tous les souvenirs évoqués ci-dessus et les élèves et anciens élèves de l'IEP d'Alger prirent la décision d'organiser une belle fête de fin d'année à l'Hôtel Aletti établissement palace construit pour le centenaire de la présence française en Algérie c'est-à-dire en 1930 et inauguré par Charlie Chaplin lui-même…

Il était la propriété des 3 frères Aletti et situé à côté de la Mairie rue Alfred Leluch d'une part et des chambres situées sur l'autre face du bâtiment permettaient de voir l'ensemble du port d'autre part.

Un cinéma bien sûr avait été construit de plain-pied avec la rue, c'était le Colisée où se donnaient également des spectacles.

L'animateur de cette soirée de l'Association des élèves et anciens élèves fut Jacques Brel qui clôturait en cette fin d'année une tournée qui avait commencé à Tanger où circulant jusqu'à Casablanca en voiture il avait créé les paroles de la « valse à mille temps »…

La présentation de l'artiste à Casablanca a entraîné beaucoup de sourires et de rires dans la salle, car le public entendit : « Et à nouveau pour notre plus grand plaisir, Jacques Brelleee… (je respecte la prononciation) ». L'adjoint à la direction chargé de la présentation a prononcé le nom de Jacques comme s'il s'agissait d'un mulet en langue arabe…

Il créa ce soir-là à l'Hôtel Aletti la superbe chanson du Moribond (Adieu l'Emile, je t'aimais bien…). Ces moments se greffent dans la mémoire et permettent de supporter les autres…

Jacques Brel est un chanteur bien sûr, mais aussi une personne ayant su faire découvrir à beaucoup de Français ou de francophones le vrai visage de la Belgique et j'eus le très grand plaisir alors que j'exerçais une activité de collaborateur d'agent général à partir de 1964 dans des bureaux situés rue Monclar à Aix-en-Provence c'est-à-dire dans l'une des rues jouxtant le célèbre Palais de justice de le voir participer en tant qu'acteur au film de Marcel Carné « Les assassins de l'Ordre ».

Lorsque je me suis déplacé à Bruxelles pour y rencontrer notre petit-fils aîné Aymeric, je n'ai pas manqué de me rendre avec Danielle et lui au 10 Place de la vieille halle aux blés où se trouvent les locaux de la fondation du chanteur.

L'année 1961 s'ouvrait sur la préparation du référendum du 8 janvier et dans l'intervalle l'Assemblée générale des Nations unies avait voté une résolution « reconnaissant le droit du peuple algérien à l'autodétermination et à l'indépendance ». Contrairement à ce que souhaitaient les gaullistes, l'ONU considérait que c'était toute l'Algérie et par conséquent le Sahara inclus (donc le pétrole) qui était concernée par ce vote.

L'existence de la salle de presse à l'Institut me facilitait la réception des informations.

Pour le vote, les gaullistes de l'UNR, le MRP et les socialistes (SFIO) préconisent le « oui » tandis que le PCF et un nouveau parti de gauche le PSU sont pour le « non ».

Les partisans de l'Algérie française sont pour le vote négatif comme on l'imagine.

La participation a dépassé les 75 % et les votes en faveur du oui représentent le même niveau.

L'abstention en Algérie représente un pourcentage important, soit 42 % des inscrits compte tenu des instructions données par le FLN…

Le général de Gaulle considéra que le peuple français lui donnait le pouvoir nécessaire pour aboutir à une paix négociée avec le GPRA. La ville d'Évian à proximité de la Suisse, pays de transit des « négociateurs » algériens est ainsi choisie.

Il faut imaginer le ressenti des natifs français d'Algérie qui s'interrogeaient sur leur avenir, car leur statut selon des informations diffusées sous la « djellaba » serait défini par les lois qui entreraient en vigueur avec l'autodétermination de l'Algérie.

Les militaires consultés avouaient ne pas avoir reçu d'informations et les officiers des unités parachutistes et de la légion ont tendance à se rencontrer pour échanger entre eux en dehors des réunions classiques de préparation d'actions de lutte contre les troupes des willayas.

Le 11 avril à l'occasion d'une conférence de presse, le chef de l'état fait allusion à un État algérien souverain, car dit-il « l'Algérie nous coûte, c'est le moins qu'on puisse dire plus cher qu'elle ne nous rapporte… Et c'est pourquoi aujourd'hui, la France considérerait avec le plus grand sang-froid une solution telle que l'Algérie cessât d'appartenir à son domaine ».

Cette phrase a, semble-t-il, été déterminante pour beaucoup d'officiers notamment supérieurs qui prenaient en compte depuis plus de 2 ans les pertes subies dans la mise en œuvre du plan Challe notamment et qui n'acceptaient pas la cession envisagée d'avance sans garantie pour les natifs d'origine française ou indigène.

Ce fut le « putsch du 22 avril 1961 », mais nous eûmes très rapidement le sentiment que cette opération ne réussirait pas. Le plan élaboré par le général Challe prévoyait de gérer les départements d'Algérie avec l'Armée pendant 3 mois et de mettre une fin définitive à la rébellion en faisant intervenir toutes les unités présentes.

Mais beaucoup d'officiers qui avaient annoncé qu'ils se rangeraient aux côtés du général Maurice Challe et des trois autres officiers supérieurs (généraux Salan, Jouhaud et Zeller) ne le firent pas et le développement du transistor dans la troupe avait permis aux soldats du contingent d'écouter les discours et admonestations du général de Gaulle pendant les 4 jours qui suivirent.

Constatant qu'il ne fallait pas faire couler à nouveau le sang français, le général Challe se rendit le 26 avril pendant que ses collègues du putsch soit se mettaient en civil pour échapper à la mise aux arrêts (général Zeller), soit entraient directement dans la clandestinité (généraux Salan et Jouhaud).

On connaît la suite et l'on comprend pourquoi la chanson d'Édith Piaf « Non, je ne regrette rien » créée fin 1960 est devenue l'une des marches préférées de la Légion…

Il n'en demeure pas moins que le procureur de la République nommé au Haut Tribunal militaire, M. Antonin Besson ne réclama pas l'application de la peine de mort pour les généraux Challe et Zeller malgré les pressions effectuées depuis la présidence de la République ! Les deux officiers furent condamnés à quinze ans de réclusion criminelle.

À partir du mois de février et encore plus après le 26 avril, l'OAS entra en scène avec le concours d'officiers de régiments dissous à la suite du putsch manqué, mais aussi sans l'aide de ces gradés.

Comme je l'ai relaté j'estime ne pas avoir à tenter de réécrire ce que beaucoup d'écrivains engagés ou non ont fait avant moi et pour un certain nombre d'entre eux l'ont bien fait…

Cependant comme toujours il y a des évènements qui sont constitutifs de souvenirs que l'on ne peut chasser de sa mémoire comme le lecteur ou la lectrice de ce qui précède l'aura constaté.

Je fais référence ainsi à M. Michel, pharmacien de la rue Duc des Cars et homme remarquable qui fut exécuté dans son officine par des « barbouzes ».

Soucieux de la préservation de la vie de mes proches ainsi que de ceux qui m'étaient chers j'ai collecté des informations qui ont pu dans certains cas être utiles sinon nécessaires à leur défense et protection.

Mais j'ai aussi largement contribué à la diffusion des tracts et affiches qui marquaient notre opposition à l'abandon de la Région et de ses habitants.

Certaines caves dépendant d'appartements devinrent des entrepôts de stockage de ces documents dont certains étaient rédigés en français et en arabe dialectal.

André l'un de mes deux amis intimes qui avait tracé ma voie pour que je prépare le concours d'entrée à l'ENA après avoir obtenu ma licence en droit avait un père policier dont la mère était d'origine maghrébine.

Son géniteur selon des informations qui m'ont été rapportées avait pris certains accords qui risquaient de se retourner contre lui et les siens.

J'ai donc conseillé à André de quitter Alger et d'aller en métropole dans la région d'Aix Marseille où d'autres copains du lycée et de la fac avaient commencé à s'établir. Ce qu'il a fait et il a bien fait, car son père a dû faire face à de sérieux problèmes.

Fort heureusement en effet ce n'est pas le 30 juin 1962 que le départ des Français d'origine européenne ou nord-africaine s'est déroulé massivement, mais il a commencé plus d'un an avant.

En contrepartie des informations et aides que j'obtenais j'aidais à la collecte de renseignements dans un style qui n'était pas sans rappeler le passé et le second conflit mondial.

Nous n'avions pas de portable susceptible de prendre des documents en photo ou d'appareil aussi petit et efficace que celui utilisé par un fleuriste new-yorkais d'origine martiniquaise dans le célèbre film d'Alfred Hitchcock « l'Étau », mais on peut et on doit toujours trouver des solutions de remplacement.

C'est ainsi que j'ai demandé à la secrétaire d'un service du GG que Danielle connaissait bien de prendre la copie de courriers importants arrivés de Paris et de les porter sur elle. Le personnel travaillant dans les bureaux de la délégation générale devait présenter les sacs ou les porte-documents en quittant le bureau, mais n'était pas fouillé à même le corps…

Pour une opération visant des membres d'un commando de la Willaya 3 (Kabylie), il fallait une petite machine imprimant l'arabe littéraire.

Les Français n'avaient pas encore créé ce type de matériel si ce n'est pour les journaux et autres publications, mais il s'agissait d'engins importants. La Sté Adler connaissait et connaît toujours l'art de graver depuis de nombreuses années.

C'est grâce au repérage effectué sur le port d'Alger avec celui qui devait être mon futur beau-père (déclarant en douane) que la présence d'un tel outil fut localisée. Un petit commando s'en empara et une semaine plus tard un document ressemblant à s'y méprendre à ceux utilisés par la zone spéciale de la Willaya 4 (Algérie centrale) fut diffusé à l'intention des « moussebiline » (membres chargés d'opérations de destruction) qui tombèrent dans le piège qui leur fut tendu par l'Armée française…

Tout ne s'est pas toujours aussi bien déroulé, on s'en doute, mais je pouvais aussi continuer à travailler le droit pour la licence et le diplôme de l'IEP.

Mes parents étaient revenus de leurs idées de départ vers des contrées lointaines d'autant qu'ils savaient que je ne pourrais pas les suivre…

Mais je considérais tout comme Danielle que l'apprentissage de la vie salariale pouvait se cumuler avec la vie professionnelle c'est-à-dire l'esthétique pour ma « fiancée » et pour moi le service public.

C'est ainsi que Danielle entra au SCP (Service Centralisateur de Paie) dont les bureaux se situaient au 4e étage de la Grande Poste et je fus recruté comme inspecteur contractuel au central téléphonique d'Alger Inter, grâce à un ami du RUA…

Tous les matins, j'accompagnais ma fiancée depuis la rue d'Estonie jusqu'à la Grande Poste qui n'était pas trop éloignée ainsi qu'on peut le voir sur les photos de l'époque.

Je travaillais en ce qui me concerne au Champ de Manœuvres ce qui m'amenait à prendre un moyen de transport après avoir laissé Danielle, mais ce n'était pas gênant sauf pour les menaces d'attentats potentiels.

Ce furent pour nous deux des moments riches, non pas pour la rémunération que nous recevions, mais pour les obligations et les relations découlant de ces activités. Cela nous permettait aussi de disposer de quelques sommes pour offrir des cadeaux à celles et ceux que nous appréciions et ne pas avoir à dépendre de nos parents en toutes circonstances.

Les discussions d'Évian appelées « négociations » ayant commencé, on apprit que deux points retenaient l'attention des négociateurs emmenés par Louis Joxe du côté français : l'avenir du Sahara (source de pétrole et de gaz naturel, ne l'oublions pas) et la définition de la place des Français et Européens d'Algérie au titre de l'autodétermination.

Comme c'est souvent le cas, les informations nous parvenaient après avoir été largement visées et contrôlées et on n'avait pas la certitude qu'elles reflétaient la vérité.

Pendant ce temps, les attentats du FLN se poursuivaient surtout en dehors d'Alger (notamment le 5 juillet 1961) et ceux de l'OAS leur répondaient d'une certaine manière avec les fameuses « stroungas » (explosions de pains de plastic)…

Comme l'Organisation tenait à démontrer qu'elle était à même d'être partout, le 5 août on entendit à la radio : « Ici Radio-France voix de l'Algérie française l'OAS vous parle ». Ce fut une surprise bien sûr, mais l'organisation qui regroupait des militaires au départ et des civils de tous bords et de tous âges avait réussi à convaincre un certain nombre de techniciens et d'opérateurs de la station de radio pour pouvoir faire passer des messages.

Je me souviens de l'un d'eux natif d'Algérie qui avait épousé une Française de métropole qui travaillait à Alger. L'« organisation » lui avait fait savoir que ses compatriotes n'accepteraient pas son couple après l'autodétermination et qu'il avait intérêt « à faciliter les interventions de l'OAS » pour qu'il puisse être protégé…

Lorsqu'on regarde des films consacrés à la Résistance, on retrouve ce genre de situation…

Les affiches et les tracts étaient fort nombreux et une grande partie de la population pensait que le « gouvernement du général de Gaulle » ne pourrait pas abandonner l'Algérie…

Le 5 septembre 1961 c'est-à-dire 2 jours après ma majorité, je m'en souviens bien sûr, au cours d'une nouvelle conférence de presse, le chef de l'État annonça que le Sahara devait continuer à faire partie de l'Algérie avec le maintien des entités d'exploitation du sous-sol et sous réserve de garanties pour la population d'origine européenne… Il convient de rappeler que les premiers essais des armes nucléaires se déroulèrent dans le Sud algérien et au Sahara ce qui rajouté au pétrole d'Hassi-Messaoud et au gaz naturel d'Hassi R'Mel pouvaient justifier cette position de la part de l'Élysée…

Les mois qui suivirent furent difficiles à vivre, car les attentats et exécutions sommaires se multiplièrent et il n'était pas de jour où en se déplaçant pour exécuter des tâches ou démarches administratives ou tout simplement acheter des provisions on ne voyait pas un ou des corps sans vie allongés sur la chaussée ou le long d'un trottoir…

Une majorité d'origine algérienne parmi les morts comme Abed qui était en classe avec moi rue Duc des Cars, ou l'employé de l'une des deux Stés dont le siège opérationnel était situé dans l'immeuble pont de la rue Burdeau et qui s'était souvent signalé par une attitude « pro FLN » aux dires de ses collègues de travail…

Dans la nuit dite de la Saint-Sylvestre, nous entendîmes de très fortes explosions et une affiche le lendemain qui avait été collée dans la cage d'escaliers de l'immeuble et qui comportait des photos de personnes d'origine asiatique nous apprit que des anciens du commando « Dam-San » (guerre dite d'Indochine) avaient été recrutés pour traquer et abattre des membres et responsables de l'OAS. Ils passaient la nuit du 31 décembre dans une villa située près du palais d'été et les colis qui comportaient leur « matériel » avaient été piégés et avaient explosé. Un commando de l'OAS qui se trouvait sur une terrasse avoisinante avait achevé les survivants au fusil d'assaut.

En prenant la rue Michelet en venant de la Faculté de droit je vis le corps d'un homme qui avait été tué par des balles de gros calibre. Il était affaissé devant l'entrée d'un immeuble situé un peu plus haut que le célèbre magasin d'articles et de vêtements de sport Bissonnet. Il s'agissait comme j'ai pu le savoir par la suite du père d'un journaliste télé connu…

Et les évènements continuèrent à être vécus et notamment par celles et ceux qui subissaient en quelque sorte les conséquences de leur existence et vie sur le sol algérien.

Nos parents ne pouvaient plus participer à des réunions conviviales ou amicales comme ils aimaient le faire auparavant pour narrer à leurs proches et amis leurs derniers déplacements en métropole ou bien leurs derniers voyages.

Finies les réunions à la sortie des lieux de travail au Coq Hardi, au Bristol ou à l'Otomatic…

Nous conservions bien sûr des relations écrites avec ceux qui étaient en Métropole et c'est ainsi que je reçus un envoi urgent de mon ami André dont la fiancée, Mireille, une Provençale, comme son prénom l'indique, avait des soucis gynécologiques. Après avoir appelé André par téléphone (l'avantage d'être inspecteur dans un Centre téléphonique où il faut faire des essais…), nous fûmes convenus que

Mireille prendrait l'avion et serait hébergée par Danielle qui la présenterait à des personnes du secteur médical qu'elle connaissait.

Pour le printemps 1962 nous sommes donc allés l'accueillir à Maison-Blanche l'aéroport d'Alger grâce encore une fois à Etienne, le père de Danielle, qui était toujours présent lorsqu'il s'agissait de se déplacer ou d'utiliser des passes de sécurité….

Et puis ce furent les journées éprouvantes et terribles à certains égards que nous connûmes lorsque le conseil des capitaines de l'OAS décida de mettre en œuvre un plan de soulèvement de la ville d'Alger quartier par quartier, secteur par secteur… à la suite de la signature des accords d'Évian et du cessez-le-feu ainsi que les référendums annoncés…

D'autant que malgré le « cessez le feu » annoncé le 19 mars en haut lieu les attentats continuaient et la veille de l'arrivée de la fiancée d'André des civils européens et des soldats sont tués dans des attentats.

Des tracts assimilant les gendarmes mobiles à des troupes d'occupation sont diffusés et une attaque au bazooka est effectuée près du tunnel des facultés… Il y a bien sûr des morts et des blessés de part et d'autre…

Le quartier de Bab El Oued considéré comme l'un des réservoirs humains de l'organisation est bouclé sur ordre du général Ailleret avant de quitter ses fonctions et ordre est donné aux unités de gendarmerie et de cavalerie équipées de véhicules blindés légers d'encercler le secteur. Des échanges de tirs vont malheureusement se produire entre l'armée et les commandos « deltas » qui se sont installés sur les terrasses ou les derniers étages… que des avions vont mitrailler…

Dans le centre-ville les Algérois apprennent que le quartier fait l'objet d'un blocus.

Ils décident d'organiser un rassemblement pacifique pour faire lever ledit blocus.

Le regroupement des personnes participant à cette marche s'effectue à La Grande Poste le lundi 26 mars. Il s'avère que la rue d'Isly, voie partant du bâtiment précité pour mener jusqu'à la rue Bab Azoun, qui constitue l'entrée dans Bab el Oued après le square Bresson, où se trouve l'Opéra d'Alger, est bloquée par des tirailleurs qui doivent faire respecter l'interdiction de manifester qui vient d'être rendue publique.

Il est pour le moins surprenant que ce rôle de gendarme ait été confié à des tirailleurs qui sont plutôt des combattants (voir plus haut). Selon des témoins, dont certains que j'ai pu rencontrer postérieurement, certains des militaires avaient marqué à la craie sur leur casque la lettre W suivie du chiffre 3 ce qui signifierait qu'ils se considéraient comme dépendants de la Willaya 3… !

Quoi qu'il en soit, un coup de feu partit et s'en suivit une fusillade au cours de laquelle entre 70 et 80 personnes désarmées perdirent la vie dans des conditions horribles selon les photos et les témoignages collectés… Il s'agit des morts oubliés de la rue d'Isly pour lesquels il aura fallu attendre la campagne de l'élection présidentielle de 2022 (!) pour que le président sortant Emmanuel Macron le 26 janvier 2022, recevant les représentants de rapatriés français d'Algérie dise au micro que le « massacre de la rue d'Isly, à Alger en 1962, est impardonnable pour la République »…

Le général de Gaulle qui s'adressa le soir même aux Français à la télévision n'évoqua même pas le nouveau drame qui venait de se produire… ce qui a été souvent oublié par les historiens relatant les faits se rapportant à cette période, mais ce qui reste absolument inadmissible pour le premier personnage de l'État…

Je me trouvais dans un immeuble du boulevard Saint-Saëns lorsque la fusillade éclata et j'ai vu passer des jeeps, dont certaines utilisées par des membres des UT (Unités Territoriales composées d'Européens d'Algérie ainsi que je l'ai indiqué plus haut) transportant des blessés graves puisque leurs chemises et vestes étaient trempées de sang à hauteur de l'abdomen…

Pour ne citer que notre quartier des rues Duc des Cars et d'Estonie, deux personnes ont été tuées, Jacky Giausseran, jeune père de famille que Danielle connaissait et appréciait et Fernand Gerby que nous connaissions de longue date ainsi que sa famille avec qui nous avons passé des moments heureux lors des fêtes de fin d'année ou des anniversaires de tel ou tel des membres de ces entités qui illustraient bien leur appartenance « pied noir »...

Mireille qui avait pu malgré tous ces faits être traitée médicalement repartit pour la métropole deux jours plus tard. Elle ne manqua pas lorsque je la revis quelques mois plus tard de me dire qu'elle avait été très impressionnée de connaître les suites d'une quasi-guerre civile...

La période qui suivit ces moments ressembla pour celles et ceux qui l'ont connue à une période de post-guerre civile. Nous ne pouvions pas tirer un trait sur ce qui venait de se passer d'autant que les pourparlers d'Évian d'après ce dont certains voulaient bien nous informer avaient en principe pris en compte la sécurité des Français d'Algérie ainsi que des anciens combattants d'origine algérienne... Nous avons appris malheureusement que les harkis et leurs familles n'ont pas bénéficié de la constitution de convois pour leur permettre de rejoindre en France ceux des leurs qui avaient commencé à créer des villages pour les recevoir et y vivre...

Si l'on ajoutait à ce qui précède les exécutions sommaires pratiquées par les « barbouzes » pour répondre aux attentats de l'OAS, on ne pouvait que s'interroger sur le lendemain.

Dans le quartier, nous avions eu à déplorer l'assassinat de M. Michel le pharmacien (voir ci-dessus) et de personnes gérant une épicerie située plus haut dans la rue après le garage Yvars.

Le général Jouhaud est capturé le 25 mars, le 7 avril c'est le lieutenant Degueldre, chef des commandos Delta qui est pris et le 20 du même mois, c'est l'arrestation du général Salan au terme d'une opération qui a mobilisé les services spéciaux, les renseignements et les barbouzes...

J'ai été, je dois le préciser, très choqué par les faits rapportés ci-dessus.

Je m'interrogeais sur une participation active aux côtés des commandos, car les enlèvements d'Européens allaient en se multipliant...

La riposte de l'OAS a été violente avec l'explosion sur le port d'Alger d'une voiture remplie de ferrailles et d'autres objets métalliques le 2 mai et qui a entraîné la mort de plus de 60 dockers d'origine algérienne…

Ce sont les faits actionnés par le hasard qui en pareil cas déterminent souvent le lendemain.

Le 22 mai je reçus un appel téléphonique à caractère d'urgence au cours duquel la personne dont je m'étais rapprochée pour savoir ce que je devais ou pouvais faire pour aider la cause de notre Algérie m'informa que mes nom et prénom figuraient sur la liste retrouvée sur un membre des unités de barbouzes avec comme date le 23 mai.

Ces derniers n'effectuaient pas des mises en garde à vue ou arrestations comme le pratiquent les membres des bureaux et services de police, mais exécutaient de sang-froid les personnes recherchées lorsqu'ils les retrouvaient…

L'organisation s'occupa de la réservation de ma place pour prendre un avion qui partait le lendemain pour Marignane aéroport de Marseille.

Je passais comme on peut s'en douter la journée à préparer mon départ et à prévenir André et Mireille que je les rejoindrai à Aix-en-Provence afin qu'ils puissent m'héberger provisoirement…

Mes parents furent évidemment quelque peu surpris d'apprendre mon départ, mais la réalité des faits ne permettait pas de trop s'interroger.

Et ce fut bien sûr le père de Danielle qui me donna son accord pour m'emmener le lendemain à l'aéroport de Maison-Blanche.

Les enregistrements et les embarquements étaient, il convient de le souligner, remarquablement organisés et je pus occuper ma place dans le Boeing B-737 aux côtés d'un inspecteur de police d'origine algérienne et son épouse française, d'origine métropolitaine qui partaient en France pour ne pas être victimes d'attentats personnels…

À mon arrivée à Marignane le contrôle de police ne me posa pas de problème ce qui permet de penser que les actions des barbouzes s'effectuaient en parallèle de celles de la police et je me rendis à

Marseille où je passais la nuit dans un hôtel proche de la Gare Saint-Charles. J'eus le sentiment de me retrouver en vacances au milieu de personnes qui exerçaient une activité ou se préparaient à passer un examen, car nous nous trouvions en cette fin de mai en période de révision (je n'avais pas oublié)...

Je pris le train régional qui conduisait à Aix en Provence et dans les Alpes de haute Provence. À l'arrivée ne connaissant pas la topographie de la ville, je remontais à pied à la sortie de la gare le Boulevard du Roi René jusqu'à la rue d'Italie et arrivais ainsi avec ma valise et mon sac de voyage à l'immeuble sis au n° 21 qui était un lieu d'accueil et de séjour pour des étudiants.

Mireille qui m'attendait fut très heureuse de me revoir et me proposa de me conduire aux « 2 G », contraction du nom de la célèbre brasserie aixoise « Les deux Garçons » qui se trouvait dans le haut du Cours Mirabeau. Auparavant en venant de la rue d'Italie nous sommes passés près des escaliers du Palais de Justice, siège de la seconde Cour d'appel de France... et nous avons emprunté le passage Agard du nom de son créateur qui était propriétaire d'une grande partie du couvent des Grands Carmes qui reliait le Cours Mirabeau au Palais de Justice.

En sortant dudit passage Agard en découvrant le cours Mirabeau cette voie célèbre aixoise bordée d'arbres verdoyants, j'eus l'impression de me retrouver à Boufarik sans aucune notion de mauvaise comparaison.

À la brasserie des « 2 G » en mémoire des deux acquéreurs fondateurs de l'établissement pendant la révolution, j'eus l'agréable surprise de retrouver des camarades de la faculté de droit ou de l'IEP d'Alger dont l'un d'eux, porteur d'un nom d'origine espagnole, pensait que je venais le « récupérer » après son départ discret d'Alger.

Ces garçons constituaient un groupe opérant dans ce qu'ils appelaient le « kolkhoze », car ils avaient trouvé le même immeuble pour y loger et de ce fait avaient des relations suivies et constantes et mettaient en commun les produits de consommation, dont ceux du petit déjeuner ou des repas, et les boissons aussi bien sûr... Ce regroupement ressemblait donc à certains égards aux kolkhozes qui étaient en Union soviétique des exploitations de fermes collectives.

Favorablement surpris par cette découverte qui mettait les pieds-noirs composant ledit groupement à l'opposé des « sections d'assaut » du IIIe Reich auxquelles on comparait les regroupements constitués sous l'égide de l'OAS... je recherchais qui avait eu l'idée de ce fonctionnement et appris sans surprise que c'était notre ami José Belaïche qui avait été amené au titre de sa formation judaïque à se rendre en Israël où il avait découvert et vérifié le fonctionnement des kibboutz.

Selon des spécialistes, il n'y aurait que la relation avec l'État qui serait différente dans les deux pays... J'ai beaucoup appris grâce à des personnes comme José sur l'organisation d'Israël en complément d'autres informations qui avaient été nécessaires pour permettre le départ ou plutôt le « retour » comme disaient certains vers l'État juif de Français d'Algérie, de religion judaïque, car il apparaissait que l'Alya (le retour) était préférable à un voyage sans repaires en France métropolitaine, et ce malgré une mise en quarantaine obligatoire à l'arrivée en Israël pour tous les Juifs d'Afrique du Nord.... J'ai ainsi pu connaître des gens du Mossad opérant en Algérie et qui m'ont indiqué que je pourrais être reçu sans contrôle pour me rendre dans leur État...

Nous continuions à nous tenir informés de ce qui se passait de l'autre côté de la Méditerranée, mais il est certain que dans la situation pour laquelle nous avions opté les uns et les autres le devenir de l'Algérie ne pouvait plus constituer notre seule raison d'être puisqu'il fallait de toute manière préparer l'avenir, le nôtre directement et celui de celles et ceux qui avaient décidé de partager notre sort.

En ce qui me concerne, je recherchais tout d'abord un appartement dans le centre d'Aix étant donné que Danielle allait me rejoindre et probablement avec elle sa sœur Geneviève, mais aussi je m'inscrivais à la Faculté de droit et à l'Institut d'Études politiques pour poursuivre ou terminer certaines des études en cours.

Je devais dans cette perspective terminer ma licence en droit public et décider d'une nouvelle inscription en fonction des possibilités de pouvoir accéder à des emplois non-« barrés » pour les natifs pieds-noirs comme malheureusement on commença à le constater.

En ce qui concerne l'IEP, je devais terminer mes examens d'oral et m'inscrire pour l'année de préparation pour l'examen d'entrée à l'ENA (École Nationale d'Administration) dont les quotidiens et autres revues hebdomadaires ne cessaient de vanter les mérites pour l'avenir du pays et de ses programmes…

Je dus travailler avec détermination pour réussir à l'examen et obtenir le diplôme de la licence en droit public et eus la chance de pouvoir louer un appartement rue Félicien David non loin du Palais de Justice et de la Poste principale qui était alors (car il y a eu ultérieurement celle de l'Avenue des Belges) située également près de la Mairie à partir de laquelle on aboutissait à l'Institut d'Études Politiques dont l'entrée fait face à celle de la Cathédrale d'Aix-en-Provence.

Je terminais également mon diplôme de l'IEP d'Alger dans les locaux de celui d'Aix.

Pendant ce temps la vie continuait et j'assistais au mariage de mes amis André et Mireille qui se marièrent dans la campagne provençale près d'Alleins compte tenu des origines de Mireille.

Danielle grâce à ses parents put obtenir pour elle et sa sœur des places sur un paquebot qui les amena à Marseille après le 18 juin (sans appel bien sûr) où elles arrivèrent de nuit et je dois souligner que c'est un jeune homme qui avait fait partie des troupes du contingent en Algérie qui s'était porté volontaire pour recueillir les passagers et les amener jusqu'à l'adresse convenue pour leur accueil. C'est avec lui que je les ai accueillies.

Ils étaient un certain nombre de Français à aider ainsi leurs concitoyens venant d'Algérie, ce qui n'a pas toujours été mentionné ou rappelé dans la presse quotidienne.

Après l'arrivée de Danielle et Geneviève, il y a eu la réception du mobilier que son père avait réussi à faire sortir de sa région pour le faire acheminer à Aix-en-Provence.

Cela évita comme on s'en doute l'achat de certains meubles.

Il fallut bien sûr procéder aux inscriptions nécessaires pour tenter de reprendre le fil d'une vie courante.

Danielle qui travaillait depuis deux ans au SCP (Service Centralisateur de Paie) des PTT à la Grande Poste d'Alger put obtenir un emploi comme opératrice du téléphone au service concerné de la poste d'Aix-en-Provence, ce qui lui permit de connaître des personnes et du monde… Je la conduisais jusqu'à la Poste d'Aix le matin et poursuivais mon chemin jusqu'à l'Institut d'Études politiques en remontant la rue Gaston de Saporta.

Geneviève fut inscrite en classe de seconde au collège des prêcheurs situé sur la place du même nom et qui est un ancien couvent qui a été fréquenté par de nombreuses générations d'Aixois et elle n'avait pas beaucoup de parcours à faire entre la rue Félicien David et ce lieu d'enseignement. Je surveillais bien entendu ses études et l'aidais autant que je le pouvais.

Nous avons préparé notre mariage, car il importait de marquer notre réunion et d'autre part les parents aussi bien ceux de Danielle que les miens considéraient que c'était pour plusieurs raisons un acte normal et nécessaire. Mon adresse étant celle de la rue d'Italie, j'ai proposé au service de l'Archevêché de prévoir une date à l'Église Saint-Jean de Malte, la première église gothique d'Aix. La date du 15 septembre fut ainsi arrêtée et on peut imaginer ce que représenta pour Danielle et moi cette préparation.

Nous fîmes ainsi la connaissance de personnes de qualité dont bien entendu la couturière qui portait un nom célèbre Bédarride puisqu'une rue d'Aix continue à conserver ce nom. Il s'agit de deux frères qui ont été maires d'Aix-en-Provence pour le premier en 1848-1849 et pour le second de 1876 à 1884.

L'usage voulait à cette époque que l'on utilise le pluriel lorsque l'on évoquait par écrit le nom de plusieurs personnes de la même famille. Si l'on se promène dans cette voie et les limitrophes, on constatera que le nom Bédarride comporte sur certaines plaques un « s » et sur d'autres non… Un peintre devenu célèbre à Aix est le petit-fils de cette dame et son nom Bédarrides s'écrit avec un « s » et son prénom est Jean Pierre…

L'organisation de la cérémonie nous a permis de découvrir des commerçants et des intervenants comme le photographe Jean-Eric Ely qui a mis en évidence le savoir-faire familial dans la cité du Roy René et en la circonstance nous avons eu la chance de faire sa connaissance dans son atelier de la rue Cardinale très proche de l'Église Saint-Jean de Malte.

Les parents de Danielle ont souhaité assister au mariage, ce qui était tout à fait normal et permettait de mettre en place une véritable cérémonie, car le mariage et notamment dans ces années-là constituait le début d'une nouvelle vie et a fortiori compte tenu de notre départ définitif de notre province d'origine. J'écris province comme si j'étais un Français comme un autre, mais on ne se refait pas.

La pâtisserie Béchard située sur le cours Mirabeau, qui est toujours très connue, fut retenue pour la création de la pièce montée et la fabrication des amuse-bouche, gâteaux et autres pièces de confiserie.

En ce qui concerne notre nuit de noces, elle nous fut offerte à l'Hôtel Caravelle qui se trouve Boulevard du Roy René au débouché de la rue d'Italie par nos amis élèves de la Faculté de droit et de l'Institut d'Études politiques.

Il est heureux pour la circonstance que nos parents, forcément éloignés, à commencer par les miens, aient tenu à nous aider financièrement ainsi que des amis proches.

Ce 15 septembre 1962 reste sans doute gravé dans nos mémoires et je me souviens notamment d'un groupe de touristes italiens qui sortaient du musée Granet, célèbre musée d'art, dont l'entrée est située sur la place permettant d'accéder à l'église Saint-Jean de Malte et qui nous applaudirent conformément à l'usage transalpin en pareille circonstance…

Nous avons repris dans les jours qui suivirent nos activités et pour déjeuner je pouvais me rendre au restaurant universitaire qui était situé dans les locaux annexes de la Faculté des lettres en bordure du parc Jourdan que nous avons découvert avec plaisir, car il nous rappelait le parc de Galland qui était une très belle réalisation de notre ville d'origine créé en 1915…

Je pouvais emmener Danielle avec moi également dans le restaurant du CROUS Aix-Marseille qui avait été édifié avenue Jules Ferry ce qui nous permettait de marcher et d'observer les immeubles en cours de reconstruction ou de réalisation ce qui donne des idées notamment à des personnes comme mon épouse qui a regretté de n'avoir pu être formée et travailler dans les domaines de la décoration intérieure et mobilière qu'elle aimait beaucoup… et qu'elle continue d'apprécier et de commenter.

À l'IEP nous avons eu la surprise de suivre des cours pour la préparation du concours d'entrée à l'ENA qui étaient gérés et animés par des personnages connus comme M. Pierre Joxe qui se présenta comme étant un ancien élève de l'ENA, mais ne partageant pas les idées de son père M. Louis Joxe, ministre des Affaires algériennes du gouvernement de Michel Debré…

Parmi les élèves ayant obtenu le diplôme, il convient de noter Philippe Séguin, mais aussi Christine Lagarde et également Fanny Ardant qui me précédèrent.

Pendant l'année 1963 où je préparais le concours d'entrée à l'ENA, mais aussi en parallèle un diplôme d'études supérieures de droit, je fus élu par le collège des élèves et anciens élèves de l'institut président de l'Association des élèves et anciens élèves.

Compte tenu de mon expérience antérieure, je préconisais la création d'une salle de presse analogue à celle que je connaissais dans l'immeuble de la rue d'Isly. Mon projet, car il est normal de préparer un rapport pour ce faire, fut retenu et les élèves purent venir consulter la presse française bien sûr, mais aussi européenne et même britannique ou américaine…

Lors de l'AGO qui suivit, le directeur M. Paul de Geouffre de la Pradelle en évoquant cette création dit : « M. Franck m'a réveillé… ».

J'eus droit à des applaudissements et au sourire de Philippe Séguin. Mais, je reçus par le canal de l'institut une notification du ministère de l'Éducation nationale me signifiant que ma candidature pour présenter le concours d'entrée à l'ENA n'était pas retenue.

Comme une jurisprudence célèbre du Conseil d'État avait annulé le refus pour un candidat et d'autres personnes de pouvoir se présenter au concours parce qu'ils étaient communistes j'imaginais pouvoir contester le refus officiel, mais il y a des moments où il est préférable quand on le peut de choisir une autre voie que celle de la contestation, tout d'abord parce qu'elle prend beaucoup de temps avant d'aboutir, dans le meilleur des cas, et ensuite parce qu'elle confère à son auteur une publicité qui s'exerce bien souvent au-delà de ce qu'il pouvait imaginer. Les contrôleurs des candidatures ont considéré que ma participation active aux évènements qui se sont déroulés de l'autre côté de la Méditerranée ne permettait pas de valider ma demande… Il s'avère et nous le verrons un peu plus loin qu'en fait, j'étais « fiché OAS » et que les lois d'amnistie n'avaient pas encore été préparées et examinées au parlement.

Je préférais donc envisager l'obtention d'un diplôme d'études supérieures de droit commercial qui pourrait me permettre de formuler une demande de recrutement pour un certain nombre de postes disponibles en entreprise. Ma décision de ne pas contester de manière officielle ledit refus ne fit pas pour autant disparaître mon nom des fichiers.

D'autant que notre petite cellule familiale devait s'agrandir, Danielle étant enceinte et il convenait de faire en sorte de trouver un premier emploi qui me permettrait de connaître du monde et notamment des personnes responsables, car la mise en œuvre de l'indépendance de l'Algérie avec les arrivées importantes et dispersées de ceux qui seront appelés « les rapatriés » favorisait certains secteurs économiques, mais pas tous…

La connaissance de personnes est certainement en pareil cas une condition nécessaire voire indispensable et c'est ainsi que sur la recommandation de Lucien Angeli que je connaissais de longue date puisqu'il collabora entre autres avec Georges Blachette, nous fîmes la connaissance de M. et Mme Briole ainsi que de leurs filles. Il s'agissait de gens charmants qui demeuraient dans une villa située avenue d'Indochine, ce qui ne s'invente pas lorsqu'on vit à Aix et Mme Briole était parente avec Lucien Angeli. À l'occasion d'un repas, je fis ma présentation à M. Georges Briole en lui indiquant ma recherche d'un emploi à Aix et dans la région.

Le 2 octobre 1963, notre fils Herman vint au monde (dans la clinique et maternité qui est aujourd'hui le siège du Tribunal judiciaire) et nous lui avons donné ce prénom qui se rattachait à la province des grands-parents paternels sans oublier ceux de Danielle dont l'un d'eux portait le nom de Grundig.

M. Briole revint vers moi dans les jours suivants et m'indiqua que je pouvais convenir d'un rendez-vous de sa part évidemment avec M. Claudius Bouchot agent général d'assurances. Ce que je fis rapidement comme on s'en doute et je me rendis au 7 de la rue Monclar voie bordant la façade est du palais de justice. Je fis la connaissance de celui qui allait être mon employeur jusqu'à son départ en retraite et qui m'expliqua l'activité d'un agent général mandataire d'une Société d'Assurances créée en Espagne sous le Second Empire. C'était La Union et le Phénix espagnol fondée en 1864 à l'initiative des frères Pereire à Madrid. Elle possédait un siège distinct pour la France au 86 boulevard Haussmann en face du square Louis XVI et on peut voir encore sur le haut d'une façade ce qui constitua le symbole de cet assureur, un personnage volontaire utilisant un grand volatile du style aigle qui était le phénix…

Pour revenir à notre entretien M. Bouchot m'expliqua que son collaborateur principal lui avait annoncé son départ et il fallait le remplacer on s'en doute, mais d'autant que pour se développer l'agence générale avait créé des sous-agences sans local, mais gérées par des personnes retraitées ou non qui étaient natives du lieu et connaissaient un certain nombre de commerçants ou chefs d'entreprises. L'Agence générale s'était développée avec le prédécesseur puis M. Bouchot natif de Bretagne dans le département des Bouches du Rhône et le haut du Var voisin.

Il ne fallait pas empiéter sur les circonscriptions d'autres agences générales de la Sté comme c'est la règle et c'est ainsi que l'Agence était représentée à Eyguières, Mallemort, Sausset-les-Pins, Fuveau, mais aussi Barjols.

Cette entité proposait les assurances des risques classiques l'incendie, le vol, mais aussi l'assurance automobile et la responsabilité civile ainsi que les assurances dites « vie » ou complémentaires.

La pratique du droit est certainement nécessaire lorsque l'on doit gérer les sinistres, mais aussi répondre aux demandes de précisions des sous-agents pour le compte de leurs clients.

J'ai donc été retenu pour gérer les sinistres et aider M. Bouchot pour contrôler certains risques ou se déplacer à la demande d'un des gestionnaires ci-dessus mentionnés. L'année 1964 était importante, car elle marquait le centenaire de la création de la Sté mère en Espagne et comme cela se pratique en pareil cas avec des réductions commerciales qui devaient être proposées par le siège sur les primes des affaires nouvelles selon la terminologie utilisée par les assureurs.

Le personnel comprenait 5 femmes et un archiviste. J'ai tout de suite compris que Cécile, la comptable, était responsable et avait autorité sur les autres collaboratrices qui géraient l'accueil, ce qui est toujours important, mais aussi bien sûr le suivi des contrats, car une agence générale après avoir pris une garantie pour un client auprès du siège peut établir elle-même les conditions particulières des contrats auxquelles sont annexées les conditions générales qui sont en stock.

D'où la nécessité de ne pas se tromper en joignant à un nouveau contrat ou à un avenant à une police existante des pièces non conformes. Et également les sinistres qui amenaient des clients à bien connaître les lieux pour s'y déplacer quelquefois.

Ces dames avaient des prénoms qui démontraient bien qu'elles avaient été baptisées dans la région de Marcel Pagnol. Il s'agissait de Georgette, Huguette, Paulette, mais aussi Christiane…

Les liens avec le siège social se faisaient par courrier ou téléphone, mais il y avait aussi des représentants de la Sté ou plutôt des Stés, car l'assurance vie avec une législation différente de celle inspirée du Code Napoléon pour les assurances dites terrestres avait également un inspecteur.

Celui qui représentait la Sté dite IARD (Incendie, Accidents, Risques Divers), autrement dit l'Inspecteur, était le neveu du Directeur Général M. Raphaël Blanc. M. René Blanc d'origine marseillaise m'a permis avec nos rencontres mensuelles de développer mes connaissances pratiques et relationnelles.

Car il faut dans le relationnel avec une société comme à l'armée bien connaître les grades, les pouvoirs et les attributions de vos interlocuteurs.

J'avais la chance de parcourir une faible distance pour aller de la rue Félicien David où nous résidions à la rue Monclar et je pouvais donc venir déjeuner sans problème.

Et puis je fis la connaissance des sous-agents et comme toujours en pareil cas il y a des personnes qui assument leur rôle et avec lesquelles on a un relationnel normal et les autres que l'on apprécie davantage parce qu'elles ont telle ou telle qualité particulière qui amène la création et le développement d'une relation quasi amicale.

Je pense notamment à ce cher Marius Conte qui était le sous-agent de Sausset-les-Pins, commune très « pagnolesque », mais très agréable à connaître. Je redécouvris la mer et c'était très agréable pour un natif d'une grande ville portuaire, et par ailleurs les moules, les oursins, les rougets et autres poissons méditerranéens… Lorsqu'il s'arrêta de nous représenter compte tenu de son âge, nous lui avons loué son local situé boulevard Charles Roux sis à côté d'une agence du Crédit Agricole et y recevions la clientèle 3 jours par semaine, dont le samedi qui est d'importance pour les personnes travaillant à l'extérieur de la localité ou dont les horaires ne permettaient pas de fixer un rendez-vous en semaine. Mon épouse a beaucoup apprécié cette activité.

Nous avons bien découvert grâce à des clients devenus amis les plaisirs de la navigation et j'ai en écrivant ces lignes une pensée très émue pour notre ami Nicolas Valdès, entrepreneur de maçonnerie qui me recevait tous les samedis dans sa maison après que nous eûmes cessé d'utiliser le local cité plus haut. Le samedi en effet j'avais la possibilité de recevoir des clients dans le local des plaisanciers situé sur le port, ce qui ajoutait un air d'escapade à certaines discussions et ce n'était pas plus mal…

Je pus aussi participer à titre personnel à Fuveau et à Mallemort à la création des villages de harkis qui avaient pu échapper au sort funeste qui leur était réservé de l'autre côté de la Méditerranée.

Et lorsque dans un dossier de sinistre automobile j'avais dû demander à un ancien harki qui le pouvait, d'effectuer un témoignage quelle ne fut pas ma surprise lorsqu'il se présenta rue Monclar en me disant qu'il n'y avait pas de problème et qu'il n'avait pas hésité à venir depuis Moulima (traduction Montélimar) pour me rendre service…

Mais malheureusement, il y eut aussi des rejets de la part des habitants vis-à-vis de ces nouveaux venus et je me souviens d'un jeune du camp de Fuveau qui me dit « … Quand je sors ou quand je vais à l'apprentissage, j'entends des gens dire qu'il y en a marre des Arabes… ». Nous sommes intervenus avec d'autres personnes dont M. Girard notre sous-agent auprès des services municipaux en charge du suivi de cette extension communale, mais malheureusement le jeune finit par mettre fin à ses jours…

On ne peut que regretter la fin du conflit algérien lorsque l'on constate que les pouvoirs publics suivant en cela les instructions du général de Gaulle avaient décidé de « parquer » les harkis et leurs familles dans des camps dont la dénomination même de « camp » rappelle des horreurs antérieures. Lorsque l'on voit l'accueil réservé aux migrants actuellement, on ne peut qu'être d'autant plus blessé pour ceux qui étaient français…

Compte tenu de l'évolution de la situation économique de l'Algérie après l'indépendance, mes parents revinrent d'Alger en 1965 pour la naissance de notre second fils Richard le 30 août et ceux de Danielle un an plus tard.

Mon père qui gérait seul depuis 1962 une petite structure de distribution cinématographique franco-suisse la Sté Sodican (Sté de distribution cinématographique en Afrique du Nord) située rue Hamani (ex-Charras) considéra que la nouvelle réglementation applicable à son domaine d'activité par l'État algérien remettait en cause la finalité même de son activité et ils déménagèrent et purent trouver un appartement à Aix-en-Provence, ce qui leur permit d'être près de nous et d'aider Danielle qui avait deux petits à élever.

Ils cherchèrent un emploi et c'est ainsi que Solange ma mère devint réceptionniste et caissière dans une boutique de linge et vêtements et mon père ainsi que je l'ai indiqué ci-dessus l'équivalent d'un expert-comptable pour une société distributrice de poids lourds.

Mes beaux-parents qui avaient demandé à continuer à être salariés de leurs employeurs c'est-à-dire tout de même la Sté Mory pour Etienne et la Banque CIC pour Yvette atterrirent, si je puis écrire ainsi à Bondy dans le département de la Seine Saint-Denis…

Il convient de préciser à ce stade des souvenirs que mon beau-père diffusait tous les tracts de défense de l'Algérie française et notamment ceux rédigés en français et en arabe que je lui remettais aux personnels des différentes structures de la sté précitée. Mais quelque temps après l'indépendance il ouvrit la porte de l'appartement qu'ils occupaient rue d'Estonie et il fut surpris de voir un des jeunes salariés maghrébins qu'il appréciait bien en uniforme de l'ALN lui dire « M'sieur Etienne, il vaut mieux que tu partes… ».

Il est heureux que les qualités de mon beau-père aient été reconnues aussi par les personnes qu'il fréquentait au niveau professionnel…

Bondy était comme on le sait trop bien aujourd'hui situé dans la région parisienne et pour se rendre dans la cité située route de Villemomble depuis Paris, il fallait prendre le métro puis le train dit de « banlieue » puis un bus pour y accéder. Lorsque je « montais » à Paris pour me rendre au siège de la Sté d'Assurances précitée j'étais hébergé chez mes beaux-parents ce qui me permit de comprendre les remarques et les réflexions des habitants des banlieues.

Geneviève leur seconde fille les avait rejoints pour terminer ses études et elle fit la connaissance d'un natif de Perrégaux Hubert dont l'accent pied-noir oranais était très prononcé, c'est le moins que l'on puisse dire. Mais ce n'était pas plus mal et cela nous permit de nous remémorer de bons moments vécus de l'autre côté de la Méditerranée et de revisiter de jolis villages « bien de chez nous »... Un cardiologue que je connais depuis quelques années qui a effectué ses études à Aix-en-Provence avec notre fils, Jean-Michel Tarlet dont les parents étaient aussi des « pieds noirs » m'a rappelé que lorsque les natifs de l'autre côté de la Méditerranée évoquaient leurs souvenirs, leurs frasques, mais aussi leurs bonnes actions ils finissaient toujours par la phrase suivante qui s'adressait le plus souvent à leurs enfants « C'était comme cela, mais vous ne pouvez pas comprendre... ».

En 1966, je fus convoqué à la BA 701 (Base Aérienne) de Salon de Provence afin de vérifier au terme du sursis pour effectuer le service militaire si je pouvais être incorporé. Comme je ne souhaitais pas dépendre de mes parents et beaux-parents et que Danielle s'occupait de nos deux garçons d'une part et que l'Algérie n'était plus française d'autre part je fis valoir les problèmes qui étaient apparus en 1960 et qui ne m'avaient pas permis d'obtenir mon certificat de parachutiste (excroissance rein gauche) je fus considéré comme non-apte à effectuer le service après un séjour et des examens à l'Hôpital Michel Lévy qui était situé dans le 6e arrondissement de Marseille. Il n'en demeure pas moins que je figurais toujours sur les listes des bons citoyens alors que quelques années plus tard je découvris le contraire.

Pendant les « permissions » de fin de semaine, j'étais autorisé à sortir de la Base et me rendais à Aix en civil, mais une fois j'étais en uniforme ce qui n'avait pas manqué de surprendre les connaissances et entraîné des remarques et des plaisanteries dans le style « Alors soldat toujours militaire ? »…

Au niveau professionnel, l'Agence générale se développait bien et Claude Bouchot recruta une personne pour gérer ce que l'on appelle la production c'est-à-dire la prospection, la souscription d'affaires nouvelles et la gestion des contrats en cours. Il s'agissait de Bernard Dragon dont la famille était bien connue à Aix.

De mon côté, j'assumais comme le souhaitait notre employeur la gestion des sinistres, mais aussi du contentieux c'est-à-dire le suivi des dossiers qui connaissaient une suite judiciaire dans la région, car la compagnie comme toutes les structures analogues avait signé des conventions avec des cabinets d'avocats et j'étais en relation avec ceux-ci compte tenu de ma formation.

C'est ainsi que je connus Me Aurientis pour les dossiers relavant du tribunal d'instance et le cabinet du bâtonnier Cabassol pour les affaires de grande instance ou en appel. Outre le bâtonnier, j'échangeais avec les deux autres avocats Mes Raffaëlli et Michelot. Ce fut pour moi une période très constructive et je prenais plaisir à assister à l'accueil des nouveaux avocats puisque nos bureaux étaient très proches des marches du palais.

Il fallait voir le bâtonnier Joseph Cabassol accueillir les nouveaux plaideurs comme un directeur d'école reçoit les nouveaux élèves à la rentrée. Une rue d'Aix perpendiculaire au Cours Mirabeau, où se trouve l'Hôtel de Caumont, centre culturel de haut niveau, porte aujourd'hui son nom et c'est tout à fait mérité.

Devant la Palais on peut toujours voir la statue de Jean-Etienne-Marie Portalis désigné comme le père du Code civil, mais qui fut néanmoins aidé dans la rédaction par des juristes illustres qui étaient Tronchet, Bigot de Préameneu et Maleville. Lors du discours préliminaire de présentation dudit Code, il annonça : « Les codes des peuples se font avec le temps, mais à proprement parler on ne les fait pas… ».

À l'intérieur du Palais fut érigée la statue d'Honoré Gabriel Riquetti de Mirabeau qui fut désigné comme représentant du tiers état en 1789 quand le roi convoqua les états généraux. Ses talents d'orateur ne pouvaient pas trouver meilleure scène évocatrice que le Palais.

La principale artère d'Aix située à la sortie du passage Agard porte son nom.

Si j'évoque avec plaisir et émotion ces souvenirs, c'est aussi parce que j'ai eu le plaisir ultérieurement d'être l'assureur en complémentaire santé des avocats du barreau d'Aix et de leur personnel pendant deux ou trois ans jusqu'à ce qu'une société mutuelle des personnes du droit soit créée.

C'est grâce au bâtonnier Mimran-Valensi que je pus fréquenter régulièrement ce lieu de rencontre des gens du droit ou le subissant du fait de leurs actes dans la vie civile.

Gérer un contrat comme je l'évoque suppose que l'on puisse être physiquement présent pour répondre aux demandes et fournir les explications nécessaires sur l'application de dispositions contractuelles. Le renforcement que je considère comme tout à fait justifié du devoir d'information et de conseil en assurance va certainement dans ce sens. J'ai craint, dois-je l'avouer, au début de devoir passer le jour de présence au palais, un examen de droit, mais ce ne fut pas le cas bien au contraire. J'avais fixé comme jour de présence le 1er jeudi du mois à partir de 9 h, ce qui me permettait de participer à la réunion du Club Rotary dont j'étais membre ensuite. Un bureau avait été mis à ma disposition dans la salle dite des avocats.

J'ai sympathisé avec la secrétaire, Mme Francine Gautier qui m'initia à ce côté du décor de palais que l'on ne connaît pas. Par exemple, il y avait deux robes pendues aux cintres du vestiaire, l'une de grande taille et l'autre de taille moyenne qui étaient destinées à être portées par les avocats qui avaient oublié de prendre la leur ou qui n'avaient pu la récupérer alors qu'ils devaient plaider au pénal…

Les plaideurs qui utilisaient la robe de prêt n'étaient pas toujours très élégants, mais ils pouvaient être présents et c'était l'essentiel.

Autour de la grande table se trouvant dans cette salle, les avocats se réunissaient entre deux audiences ou avant le commencement de l'une d'elles. Certains profitaient de ce créneau pour parfaire ou compléter leurs conclusions orales, ce qui donnait lieu de temps en temps à une interrogation comme « Je plaide cet après-midi un dossier portant sur des travaux qui ont été réalisés sur un bien en location, comment organiserais-tu ta plaidoirie ? »...

Un autre jour je m'aperçus que les avocats présents échangeaient à propos d'un article de presse et la secrétaire m'incita à le lire, car il concernait un juge intervenant en droit civil que je connaissais.

Le titre de l'article était tranchant : « Le juge n'avait laissé à personne le soin de régler la circulation ! ».

Tout simplement le magistrat revenant d'une réunion amicale avait un peu forcé sur certains liquides et avait « remonté un tronçon d'autoroute en sens interdit... ».

Des paris ont été pris pour imaginer comment s'effectuerait l'accueil du magistrat à son retour. Nous avons ainsi appris que le procureur général l'avait convoqué pour lui annoncer son déclassement en juge chargé du contentieux du travail... et des affaires sociales.

Comme on s'en doute, certains des avocats présents avaient imaginé une audience avec ledit juge et annonçaient les remarques qu'ils ne manqueraient pas de formuler sur la notion d'interdit de consommer plus que de raison l'alcool et ses dérivés et de s'interdire de conduire un véhicule après une réunion « arrosée » pour reprendre l'expression journalistique y consacrée...

Le haut magistrat en déclassant le juge avait résolu si l'on peut écrire cet aspect du problème.

Agent général à Aix-en-Provence, je décidais à la fin des années 70 de devenir courtier à Marseille pour pouvoir couvrir certains risques notamment les risques du transport et techniques. Un agent général d'assurances exerce dans une circonscription déterminée dans son mandat tandis que le courtier dans la mesure où le siège de sa société se trouve dans une ville où les Stés d'assurances ont installé des directions secondaires peut solliciter son inscription comme mandataire de ses clients à condition que l'assureur l'agrée.

Grâce à un ami agent général de l'UAP à Aubagne, Claude Bazerque avec lequel j'étais entré en contact pour assurer les risques d'une entreprise, je pus négocier l'acquisition d'un bureau situé 10 Place Félix Baret près de la Préfecture. Ce furent jusqu'à ce que je considère que je pouvais faire valoir mes droits aux indemnités dites de retraite des moments très forts où j'ai pu assurer des Stés ou des activités reconnues et pour ce faire ai fait la connaissance de personnes avec lesquelles j'ai conservé des relations.

La vue depuis le second étage de l'immeuble était du style haussmannien et le personnel composé de deux personnes en plus de mon épouse et de Richard notre fils cadet très heureux d'y travailler.

La place Félix Baret était dans le prolongement de la rue Saint-Ferréol et un parking important souterrain y avait été réalisé.

C'était par conséquent un lieu très fréquenté et certains jours, à l'occasion de la campagne des élections municipales par exemple, nous avons vu défiler Jean-Claude Gaudin accompagné d'un groupe de ses supporters qui aspirait à succéder à Robert Vigouroux en tant que Maire de la Cité phocéenne ce en quoi il a réussi...

Les délégations d'assureurs importants, comme l'UAP qui fut reprise dans le groupe AXA ou le groupe Generali, n'étaient pas très éloignées et on pouvait s'y rendre rapidement à pied pour y rencontrer un interlocuteur ou interlocutrice. Des habitudes se prirent comme le déjeuner mensuel avec certains inspecteurs dans le restaurant qui était installé au pied de l'immeuble et dont le nom était déjà tout un programme « La Folle Époque »...

Mais Marseille est le premier port français et je redécouvris les plaisirs du bord de mer si je puis écrire ainsi, car je comptais parmi mes clients la Sté « Merveille des Mers » créée par un marin pêcheur M. Marcel Mondino originaire de Fuveau qui était un client de l'Agence générale et dont j'ai continué à être le courtier lorsque les fils de cette personne ont géré cette structure depuis les quais de la cité phocéenne et le siège pour des raisons d'avantages fiscaux de la Sté fut fixé à Balaruc où demeurait le gérant dans le département du Gard voisin, mais dont je pouvais rencontrer les responsables au Marché des poissons et fruits de mer entre l'Estaque et Saint-André. J'ai assisté au développement de cette structure et c'était avec plaisir que je me rendais une ou deux fois par mois pour rencontrer Gilbert, Gérard et les autres personnes gérant cette structure dont l'activité allait de la production à la vente en gros. Ce marché est aujourd'hui définitivement fermé, mais je l'aperçois lorsque je me rends aux Docs Villages belle création de bureaux et locaux professionnels.

L'un des frères Mondino s'était associé par ailleurs avec un spécialiste des crevettes qui répondait au surnom de « Nono ». Avec lui j'ai appris beaucoup de choses sur les crevettes. Madagascar tout d'abord, dont la côte nord-ouest baignée par le canal du Mozambique et en face de l'archipel des Comores a été divisée en zones de pêche afin de pouvoir contrôler ces activités puis le Bénin l'ancien Dahomey situé entre le Togo et le Nigéria dont l'activité de pêche des crevettes s'est développée lorsque le pays a été autorisé à en exporter aux pays de l'Union européenne à partir de 2009.

À partir du moment où l'on assure certains risques, on se doit de se déplacer pour visiter les lieux où s'exercent les activités ainsi que les annexes ou succursales.

C'est ainsi que j'ai été amené à me déplacer aux Antilles et en Guyane pour visiter des cliniques d'un important groupe médical créé à Aix-en-Provence par deux frères médecins spécialistes. Le siège fut fixé à la Clinique Axium qui demeure bien connue des Aixois et des habitants du département, car elle permet de subir des interventions spécialisées pratiquées par des intervenants de qualité en mode ambulatoire.

J'ai même participé avec un membre de la direction de l'assureur GFA Caraïbes à l'évaluation des dommages causés par le cyclone Dean en 2007 à la Clinique Sainte-Marie de Fort-de-France et il s'avère que le jour de la réunion la majorité des collaboratrices de l'assureur présentes étaient nées dans ledit établissement… Cette personne est aujourd'hui le directeur régional d'un important groupe de Stés d'assurances dont les bureaux se trouvent aux Docs Villages...

À la demande de la direction du groupe, je suis allé en Guyane pour donner mon avis de courtier contrôleur de risques concernant un établissement qui devait faire l'objet d'une acquisition. J'ai évoqué dans mon compte rendu téléphonique la Clinique du « Dr Laennec » en référence à un film qui portait ce nom... L'établissement a intégré le groupe et a permis aux habitants de ce département quelque peu défavorisé de ne plus avoir à se déplacer dans les îles des Antilles pour des traitements hospitaliers ambulatoires ou même simplement des dialyses...

J'ai pu découvrir Cayenne et la célèbre Place des Palmistes qui est un lieu de rassemblement pour les habitants. L'installation du Centre spatial à Kourou donna à penser que les installations médicales allaient se développer comme d'autres activités, mais pour un certain nombre de raisons à commencer par la sécurité, les personnels y travaillant étaient, en cas de nécessité, conduits dans des établissements contrôlés par la défense nationale ou d'autres états, car le Centre est utilisé aussi par l'Agence spatiale européenne ESA et un Centre Soyouz était en projet... Les Guyanais ont estimé que la Métropole continuait à les considérer comme les descendants des gestionnaires du bagne...

Comme en toute situation, il convient de faire une analyse précise et de replacer le département ou la région en comparant les indices et chiffres clés avec ceux des pays environnants. Néanmoins, il fallait selon l'avis de la Haute Autorité régissant le domaine de la santé que le département de Guyane ne soit pas moins bien suivi et traité que les deux autres départements des Antilles et il les a rejoints pour former la région Antilles-Guyane... Au moment où j'écris ces lignes, il apparaît malheureusement que les réassureurs considèrent que ce département voisin entre autres du Brésil ne peut pas être assimilé aux autres entités et certains contrats comme ceux couvrant les conséquences de la responsabilité professionnelle sont en manque d'assureurs porteurs du risque...

L'Établissement principal du groupe aux Antilles était la Clinique des Eaux Claires située à Baie-Mahault en Guadeloupe qui était dirigée par un descendant de Pondichériens qui ont tenu à rester français après l'indépendance de l'Inde qui a été actée en1947 et le rattachement des 5 comptoirs dont les noms ont servi à tester notre mémoire à l'École primaire et surtout au 1er cycle au lycée : Chandernagor, Yanaon, Mahé, Pondichéry et Karikal. Ces villes ont s'en souvient constituaient ce qui restait de notre empire des Indes repris par l'Angleterre en 1763.

Des transferts de populations effectuées à la demande de celles-ci ont eu lieu après la Première Guerre mondiale et dans les années 1950 qui ont été celles du rattachement.

Henri Nagapin, c'était son nom, était un personnage assez remarquable qui fut même élu président de la CCI (Chambre de Commerce et d'Industrie), mais il démissionna au bout d'un an de sa fonction…

Il n'en demeure pas moins que « l'ultramarin » que je considérais être aussi compte tenu des ma naissance hors de la France continentale a apprécié les déplacements relatifs aux clients dont l'activité s'est développée outremer.

Outre les paysages, les couleurs et l'océan, il y avait bien sûr les relations avec la population et comme on le sait les Antillais ont un sens certain de l'humour. C'est ainsi que me rendant au Gosier en Guadeloupe lors de l'un de mes déplacements pour Kapasanté, je vis trois Antillaises qui recherchaient d'après ce que j'ai compris une infirmière et prenaient connaissance des plaques d'un cabinet plurimédical figurant au pied d'un immeuble. L'une d'entre elles lisait à voix un peu élevée pour que les deux autres personnes puissent entendre et commenter. Lorsqu'elle énonça un nom propre puis l'activité « Homéopathie », j'entendis les accompagnatrices dire aussitôt « Oh pov' Juliette » et éclater de rire, ce en quoi je les imitais…

Je me suis déplacé une seconde fois en Guyane avec Henri Nagapin pour rencontrer le nouveau directeur de la Clinique Véronique et faire un point sur les secteurs de développements potentiels et sur les investissements sollicités.

J'ai pu ainsi mesurer la différence entre l'établissement que j'avais comparé à celui du Dr Laennec et la clinique actuelle qui était rattachée au Centre de Santé guyanais et qui s'est spécialisée en imagerie médicale. Ce second séjour me permit de découvrir un restaurant très « belle époque ».

Autres souvenirs forts de mes activités de courtier et de conseil en management, ceux concernant une société dont le siège était situé à Marseille, place du général de Gaulle en face du palais de la Bourse, bâtiment construit sous le Second Empire et devenu le siège de la Chambre de commerce et d'industrie. C'est grâce à mon ami Jean-Pierre Gallo, aujourd'hui décédé, qui après son retour d'Algérie fut recruté par la Sté d'Assurances Allianz comme inspecteur des risques industriels que je suis devenu le courtier de cette Sté qui a participé au développement du Loto national et de la Sté Française des jeux.

Après la cession de la clientèle du cabinet de courtage, j'ai continué à intervenir en tant que consultant pour ce groupe de Stés qui comprenait outre la Sté de base associée à la Française des jeux, une agence de voyages et une entreprise spécialisée dans l'importation de matériels et le développement d'activités concernant l'énergie renouvelable. J'ai découvert, si l'on peut écrire cela, les éoliennes, mais aussi un certain nombre de systèmes concernant l'écoéclairage avec des luminaires extérieurs autonomes.

En parallèle avec mes activités d'agent général puis de courtier en assurances, je participais dans les syndicats professionnels à des activités de représentation et de formation.

Comme je l'ai indiqué ci-dessus concernant les natifs d'Alsace-Lorraine pendant le second conflit mondial, c'est à l'occasion d'un stage organisé au mont St-Odile que j'ai fait la connaissance de l'un d'eux qui avait dû servir sur la ligne gothique en Émilie-Romagne en Italie en 1944…

Le stage que j'animais était consacré à la responsabilité civile des entrepreneurs et entreprises et avait une durée de 2 jours. C'est un agent général de la région de Toulouse ancien officier (pour un certain nombre d'entre eux, leur fonction militaire est toujours apparente) dont je fis la connaissance à l'occasion d'un déplacement familial à Villemur grâce à un ami commun.

C'est ainsi que nous avons élaboré ledit stage de formation à une époque (les années 70) où la formation n'était pas obligatoire pour les distributeurs de produits d'assurances.

La Sté Sagaform fut ainsi créée avec l'accord de l'AGEA (Fédération des Agents Généraux d'Assurances) et le stage SIRCE (Stage d'Initiation à la Responsabilité Civile des Entreprises), sa première création. Le manuel d'accompagnement qui fut rédigé notamment avec des amis régionaux, Pierre Huertas agent général à Nice né lui aussi de l'autre côté de la Méditerranée à Oran et Marcel Berti agent général à Cannes demeure toujours valable pour ses raisonnements juridiques et l'approche des risques. Régis Poincelet, brillant sujet de l'Université de Paris qui m'avait été présenté, a également participé à la rédaction des 382 pages dudit manuel.

Mon année d'internat à Bourg-la-Reine et les déplacements dans la capitale avec mes parents m'avaient permis de découvrir et d'apprécier le Métro cher à Serge Gainsbourg. On comprendra pourquoi j'ai intitulé l'un des moments de recherche concernant la détermination des risques assurables d'une entreprise « Les 7 stations » (en utilisant les 7 premières lettres de l'alphabet néanmoins). Ce qui permettait selon moi de se souvenir des différentes stations devant un client :

« A » pour analyse de la structure juridique et de tout ce qui s'y rapportait.

« B » pour but pour déterminer l'ensemble des activités de la structure ainsi que les moyens nécessaires pour y parvenir… etc.

Ayant pu former plusieurs formateurs (voir plus haut), nous avons pu répondre aux demandes des structures régionales d'agents généraux. Au début nous avons considéré que deux intervenants étaient nécessaires pour apporter à une vingtaine d'agents généraux et de collaborateurs les connaissances sollicitées.

Comme toujours, l'expérience permet de se convaincre dans un domaine où le relationnel est personnalisé que les stagiaires seront davantage réceptifs à l'expérience d'un seul plutôt qu'à celle d'une équipe parce que dès le lendemain quelquefois ils auront à analyser une situation pour vérifier si tous les risques en découlant sont bien couverts et garantis…

Évidemment l'animation d'un stage amenait le formateur à s'absenter de son agence ou cabinet pendant 3 jours et le calendrier desdites formations devait être déterminé avec précision et analyse pour éviter des surprises. Tout ce qui précède semble contraignant, mais il y a aussi des contreparties qui permettent de se souvenir de tel ou tel stage avec un sourire et une remontée d'images.

Ces formations m'ont ainsi permis de découvrir plusieurs régions de notre pays et aussi ses habitants.

La beauté des paysages tout d'abord et je pense à un stage à Saint-Malo dont la baie proche de celle du mont Saint-Michel est magnifique.

La Rochelle qui me donna l'envie d'y venir de temps en temps, car appréciant l'Histoire je découvrais avec beaucoup de satisfaction certains sites.

La Bretagne ayant apprécié les formations, la direction de la Région organisa un stage à Mur de Bretagne dans les Côtes-d'Armor afin de regrouper des participants de plusieurs départements. Étant arrivé comme il se doit la veille de la formation, je fus approché par des stagiaires dans l'hôtel où devait se dérouler le stage et il m'a été proposé de se rendre au Casino pour passer la soirée. J'ai réagi comme on s'en doute en attirant l'attention de mes interlocuteurs sur la nécessité de respecter un minimum d'heures de sommeil et de ne pas forcer la consommation d'alcool. Ils m'ont répondu qu'ils avaient compris le message et m'ont emmené au village proprement dit et en passant devant une boutique annexe de la Chaîne du Supermarché Casino l'un d'eux a dit « Oh c'est fermé ! »…

En revanche ayant animé un stage en Normandie, l'Hôtel qui avait été réservé était proche de « Juno Beach » l'une des plages du débarquement du 6 juin 1944 qui demeure l'opération de débarquement, avec des actions aéroportées, la plus importante jamais réalisée à ce jour. Je m'étais promis d'aller la visiter, mais ayant dû répondre à une demande d'information particulière de l'un des stagiaires je n'ai pu le faire et ne suis pas retourné sur les plages normandes ultérieurement.

Mais il y a aussi des souvenirs concernant les personnes et Paris à cet égard « sera toujours Paris ».

J'animais un stage rue d'Alésia et à un moment en fonction d'une réponse de l'un des stagiaires à une question posée j'ai dit « C'est cela oui » ce qui a entraîné des sourires et des rires dans la salle, car il s'agit d'un commentaire redoublé de Thierry Lhermitte dans la pièce de théâtre « Le père Noël est une ordure ».

Lors du déjeuner qui a suivi et qui était organisé dans l'Hôtel, l'un des stagiaires qui se trouvait à ma table m'a dit en voyant arriver un groupe de convives « Camille, tu as demandé à Thierry de venir participer au stage ? ». Il s'agissait bien de Thierry Lhermitte qui devait probablement répéter dans un théâtre voisin…

À l'occasion d'un autre stage se déroulant à la porte d'Orléans, je me suis retrouvé seul le premier soir, car les participants avaient mis à profit leur déplacement de formation pour rencontrer des parents, des amis ou des relations professionnelles. J'ai donc remonté l'Avenue du Gal Leclerc pour trouver un établissement pour dîner. Mon choix s'est porté sur un restaurant alsacien qui paraissait intéressant. Il l'était effectivement puisque le responsable de l'accueil m'a demandé si j'étais bien d'accord pour passer la soirée dans ledit restaurant, car Jacques Dutronc occupait le niveau supérieur dudit établissement avec des amis et des « fans » qui occupaient tous les sièges disponibles. Les clients du restaurant ont découvert, mais plutôt redécouvert le chanteur et ont apprécié cette soirée. Jacques Dutronc a en effet accompagné la réception de quelques plats par des extraits de « Il est cinq heures » ou « Gentleman cambrioleur »…

Je n'ai pas évoqué jusqu'ici l'île de Beauté et pourtant j'ai toujours éprouvé beaucoup d'admiration pour Napoléon Bonaparte qui non seulement fut un remarquable général, mais aussi a marqué l'organisation de notre pays avec la création du Code civil des Français et ayant élu domicile à Aix-en-Provence, j'ai connu depuis 1962 la statue de Jean-Etienne-Marie Portalis, rédacteur du Discours préliminaire du premier projet de Code civil en 1801qui se trouve devant le Palais de Justice…

Animant un stage à Saint Florent près de Bastia j'ai souhaité me rendre à Calvi après la prestation en empruntant la route de Lumio et consommant une boisson à la terrasse d'un établissement à partir de laquelle on avait très belle vue sur les plages et le large j'ai pu voir et apprécier le service de surveillance de la Légion étrangère.

Un sous-officier grand et fort (d'origine finlandaise selon ce qui m'a été précisé) faisait le tour des bars et brasseries pour vérifier si certains militaires en permission ne se permettaient pas des écarts.

La veille ou l'avant-veille de mon passage le serveur (à qui j'avais été présenté, ce qui expliquait cela) m'indiqua que le légionnaire précité avait « extrait » de son siège un de ses « collègues » qui paraissait avoir consommé plus qu'il ne fallait d'alcool et l'avait propulsé dans la camionnette du régiment (2e REP) qui se trouvait devant l'établissement. Cela fait sourire bien sûr, mais avouons que ce n'est pas plus mal.

Compte tenu de relations antérieures avec la Légion concernant les transports maritimes entre autres j'ai sollicité de pouvoir rencontrer le colonel commandant l'unité et me suis présenté à la caserne de la route de Lumio et après avoir franchi la barrière d'entrée j'ai eu la surprise de voir deux légionnaires accroupis dans la cour de la caserne en train d'utiliser des allumettes pour, semble-t-il, effectuer des mesures… Le colonel me reçut et en fin d'entretien je ne résistais pas au désir de lui demander le but de l'utilisation par les militaires d'allumettes. Il me répondit qu'ils avaient manqué à une obligation et il leur avait été infligé comme peine de mesurer la cour avec lesdites allumettes…

La formation demeure pour moi importante, car elle n'était que l'accessoire de mon activité de salarié puis de commerçant, mais elle permet de mieux connaître les personnes et d'œuvrer en conséquence aussi bien pour elles que pour nous.

Par ailleurs, elle permet de mieux connaître son pays, de le découvrir ou de le redécouvrir, car nous recommandions aux organisateurs des stages en région d'accueillir le formateur la veille du stage pour lui permettre de s'imprégner de la vie et des activités régionales ce qui aide forcément celui-ci lorsqu'il aborde dans le stage certains développements.

Il me revient des images aidées par les photos que nous pouvons prendre avec nos portables de la ville portuaire de Sète, ses couleurs, ses quais le long du canal reliant l'étang de Thau à la Méditerranée. J'ai animé dans la ville de Georges Brassens et Jean Vilar un stage en 2014 mandaté par le syndicat des courtiers d'assurances et je redécouvre la ville aujourd'hui en regardant sur une chaine de la télévision les épisodes de « Demain nous appartient »....

La vie est ainsi faite et on pourrait considérer que finalement le rapatriement avait été une bonne modification de mon ou de mes activités. Il est certainement préférable de l'envisager de cette manière plutôt que d'imaginer ce que j'aurais connu si j'étais resté de l'autre côté de la méditerranée.

J'ai évoqué le syndicat des courtiers d'assurances autrement dit le SMCAR (Syndicat Méditerranéen des Courtiers d'Assurances et de Réassurances) qui changea de nom pour devenir en 2019 la Chambre Syndicale des Courtiers d'Assurances de Marseille et qui me désigna pour participer une fois par mois à Paris à la réunion nationale de la CJF (Commission Juridique et Financière) en compagnie des autres représentants régionaux.

Ce furent des moments très intéressants avec la rencontre de personnages de haut niveau et l'analyse de projets de directives en provenance de Bruxelles, dont la fameuse DDA (Directive sur la distribution de l'Assurance) qui a marqué, et continue de le faire, le secteur des assurances. Je montais comme l'on dit en TGV et prenais du bon temps dans le trajet en bus ou en taxi depuis la gare de Lyon jusqu'au siège du syndicat dans le 9e arrondissement que j'ai toujours bien apprécié.

Dans l'intervalle et la perspective de ne plus exercer mon activité de distributeur d'assurances pour faire valoir mes droits à la retraite, je ne souhaitais pas cesser toute activité et pour être consultant et conseil en management j'ai adhéré à deux syndicats de la Fédération CINOV qui avec son grand concurrent SYNTEC représentent les entreprises régies par la convention collective BETIC (Bureaux d'Études techniques, Ingénierie et Conseils).

La découverte de cette structure s'opéra avec un voyage en Corse en octobre 2010 sollicité par les adhérents insulaires qui se plaignaient et ils n'ont pas tort d'être trop souvent ignorés sinon délaissés par les « continentaux »… Ce déplacement à Ajaccio et dans sa région nous permit de découvrir, car Danielle m'accompagnait des lieux simples et remarquables ainsi que des monuments à la gloire de l'empereur, notamment au parc du Casone.

Le style des rencontres était différent des réunions concernant les assureurs et me permettait de « replonger » si je peux l'écrire dans le monde du bâtiment que j'ai apprécié auparavant dans l'analyse de dossiers de chantiers.

Le siège de la CINOV est situé avenue du recteur Poincaré dans le 16e arrondissement et les réunions avaient un cachet certain. J'utilise un verbe au passé, car avec la pandémie les visioconférences ont connu un grand développement.

Néanmoins lorsque je venais à Paris pour participer aux réunions de travail et aux assemblées j'admirais depuis la Chaussée de la Muette les réalisations haussmanniennes des immeubles.

Une Fédération se doit toutefois d'aller vers ses adhérents et les Assemblées générales continuent bien sûr à se dérouler au travers du pays. C'est ainsi que j'ai découvert Vulcania près de Clermont-Ferrand, et me suis déplacé à Lyon bien sûr, Lille, Arras, mais aussi le Parc Chanot à Marseille pour les forums techniques…

La complexité de l'évolution du monde nécessite et justifie de plus en plus de faire appel aux métiers de la prestation de services intellectuels en veillant à respecter une intégrité réelle, car les cyberattaques pour reprendre une expression passée dans le langage courant sévissent de plus en plus y compris chez les assureurs…

J'ai été élu administrateur de la Fédération régionale de CINOV puis du syndicat national du conseil en management.

Comme toujours en pareil cas on fait en sorte de servir les intérêts communs des professions représentées et on éprouve le besoin d'échanger avec les responsables de telle ou telle entité du ou des syndicats.

Malheureusement comme on ne le sait que trop certaines personnes utilisent leur participation aux commissions techniques ou aux instances de direction pour faire en sorte de tracer leur route personnelle. Si je reprends le manifeste qui a été diffusé à l'intention des candidats à l'élection présidentielle de 2022 je lis que pour les 13 syndicats représentant la Fédération CINOV « L'indépendance nous définit ». Nous sommes représentatifs de la branche des prestations intellectuelles et des 72 000 entreprises rassemblant plus d'un million de salariés et pourtant alors que j'ai été élu en 2021 président de la CPREFP c'est-à-dire de la Commission Paritaire Régionale de L'Emploi et de la Formation Professionnelle qui regroupe les élus de SYNTEC et CINOV employeurs ainsi que les représentants des organisations syndicales des salariés j'ai constaté non sans surprise et regret que les élus de SYNTEC ne participaient plus aux réunions sans qu'une explication ait pu m'être fournie.

Par ailleurs, le président du collège employeur qui est également vice-président fédéral de CINOV a démissionné de tous ses mandats sans en faire connaître la raison. C'est un homme que j'ai beaucoup apprécié pour ses qualités humaines et professionnelles (il est médiateur au niveau professionnel) et je suis pour le moins interpellé par l'absence de précisions nous expliquant son départ malgré des envois réitérés de courriels de ma part…

Je fais en sorte de conduire cette entité en portant nos recherches et analyses sur la formation et les organismes y afférents jusqu'à la fin de mon mandat qui se termine au mois de novembre 2023.

Pour illustrer un peu plus ce qui a trait à l'ambivalence de certaines personnes dans ce qui concerne la mémoire de mes souvenirs, je ne peux manquer en finale d'évoquer la cérémonie de mariage de notre nièce Stéphanie, fille de Geneviève, la sœur de Danielle et d'Hubert qui se déroula le 7 septembre 2012 dans les beaux locaux de la mairie de Montpellier et à Lunel.

Le marié se prénomme Pierre.

Nos fils Herman et Richard étaient bien sûr présents avec nous et je constatais que l'un des deux témoins de l'époux m'évitait, ce qui est toujours possible dans les réunions familiales dans la mesure où les présentations n'ont pu être faites.

C'est par mon fils aîné que j'appris le lendemain de la cérémonie la raison de cette attitude.

Ce témoin, connaissance de longue date du marié, fait partie de la DCRI (Direction Centrale du Renseignement Intérieur) qui est devenue la DGSI (Direction Générale de la Sécurité Intérieure) en 2014. Lors du lunch auquel il participait après la cérémonie de l'état civil, il affirma « Camille Franck est fiché OAS » alors que la conversation des convives de cette table ne concernait certainement pas mes activités passées. En pareille circonstance, les personnes prenant place autour d'une table des proches se présentaient et après qu'Herman l'a fait en rappelant qu'il était mon fils aîné, cette personne considéra qu'il fallait me « présenter » si je puis écrire cela.

Je fus choqué comme on peut s'en douter par ce qui précède, car les 3 lois de 1964, 1966 et surtout celle du 31 juillet 1968 ont acté l'amnistie pénale des militants de l'Algérie française et de l'OAS.

44 ans plus tard (!), voici un individu qui se permet de vouloir jeter l'opprobre sur un parent de la mariée sans aucune raison…

Cette attitude est malheureusement dans la lignée de la création des unités de « barbouzes » que j'ai évoquées avant c'est-à-dire des agents de la police parallèle qui ont été recrutés notamment par Pierre Lemarchand, avocat et ancien résistant, et mis en place avec l'accord de Roger Frey, ministre de l'Intérieur du gouvernement de Michel Debré.

Les barbouzes ont agi de novembre 1961 à mai 1962, et certains Vietnamiens du commando Dam San, unité spéciale ayant combattu le FLN en Oranie y ont été affectés en raison de leurs connaissances des sports de combat et aussi parce que les « candidatures » pour lutter contre les membres de l'OAS ne se bousculaient pas.

En coordination avec les policiers de la Mission C dirigée par Michel Hacq de la PJ et sous la direction de Jean Morin délégué général du gouvernement en Algérie, les barbouzes vont combattre les membres de l'OAS (ou réputés tels), mais vont essuyer des pertes importantes.

C'est le 8 mars 1962 que le ministre de l'Intérieur donne l'ordre de fin de mission de ces personnes, mais comme toujours en pareil cas il s'écoule du temps, surtout compte tenu des missions imparties, entre la date d'une décision et son application ce qui peut expliquer pourquoi les renseignements d'état civil me concernant ont été trouvés sur un carnet d'ordres de mission d'un barbouze en mai 1962…

Le délégué général, Jean Morin a tenu à leur rendre hommage et je tiens à en citer les termes : « … Ces hommes ont voulu rester en Algérie au-delà de toute raison, pris qu'ils l'étaient dans l'engrenage qui va de la politique au renseignement et du renseignement à la mort. Ils ont été fort utiles, je le dis et je le redis. Ils sont morts courageusement dans la maison où ils s'abritaient et ils ont été enterrés dans la clandestinité. Le pouvoir avait honte d'eux, lui qui était allé les chercher… ».

Lors d'une conférence de presse tenue le 21 février 1966, le général de Gaulle en répondant à une question d'un journaliste a reconnu l'existence et le rôle des barbouzes de la manière que l'on connaît : « Qui ne sait que plus tard, pour s'informer de ce que tramaient les organisations subversives en Algérie et dans la métropole, le service d'ordre a utilisé des éléments clandestins ? ».

Je ne vais pas à ce stade me lancer dans des reproches, critiques et condamnations. Je regrette vivement et déplore qu'aux morts résultant des attentats et des opérations militaires en Algérie se soient rajoutés d'autres morts et disparus qui ne le méritaient certainement pas.

Ce qui compte en finale ce sont les souvenirs qui meublent la mémoire et nous renforcent dans les liens familiaux et amicaux.

Faisons en sorte de les conserver et de les faire connaître…

En un peu plus de 130 ans d'existence, la communauté « pied-noir » a fourni à la métropole, la France, un prix Nobel de littérature, des écrivains, des créateurs, des peintres et sculpteurs, mais aussi deux maréchaux… Il n'y a aucune raison et justification pour la rejeter de notre histoire !

Index

Les personnes

Les villes

Imprimé en Allemagne
Achevé d'imprimer en novembre 2023
Dépôt légal : novembre 2023

Pour

Le Lys Bleu Éditions
40, rue du Louvre
75001 Paris